U0803962

中国艺术家年鉴

漆跃輝 卷

文化艺术出版社
Culture and Art Publishing House

图书在版编目（CIP）数据

中国艺术家年鉴. 漆跃辉卷 / 陈子游主编. — 北京:
文化艺术出版社, 2024.6
ISBN 978-7-5039-7632-2

Ⅰ. ①中… Ⅱ. ①陈… Ⅲ. ①漆跃辉 - 人物研究
Ⅳ. ①K825.72

中国国家版本馆CIP数据核字（2024）第110510号

学术编委 **潘公凯 许 江 易 英 范迪安 陈传席**
殷双喜 张子康 余 丁 陈子游 金 燕

中国艺术家年鉴·漆跃辉卷
ZHONGGUO YISHUJIA NIANJIAN · QIYUEHUI JUAN

监　　制　画友会馆
总　　编　易 英
主　　编　陈子游
副 主 编　陆 虹　陈元幸子
策　　划　大观书集
特约编辑　吴士新
责任编辑　赵 月
责任校对　董 斌
书籍设计　陈 旭
出版发行　文化艺术出版社
地　　址　北京市东城区东四八条52号　（100700）
网　　址　www.caaph.com
电子邮箱　s@caaph.com
电　　话　（010）84057666（总编室）　84057667（办公室）
　　　　　84057696—84057699（发行部）
传　　真　（010）84057660（总编室）　84057670（办公室）
　　　　　84057690（发行部）
经　　销　新华书店
印　　刷　北京金彩印刷有限公司
版　　次　2024年6月第1版
印　　次　2024年6月第1次印刷
开　　本　889毫米×1194毫米 1/16
印　　张　19
字　　数　120千字
图　　片　378幅
书　　号　ISBN 978-7-5039-7632-2
定　　价　358.00元

版权所有，侵权必究。如有印装错误，随时调换。

目录

学术推荐

大千世界，岁月轮回，在宇宙的尺度下，有大格局才有“大象”，而“大象”又永远内敛，从不张扬。漆跃辉的作品中没有喧嚣，没有张扬，他欲将笔墨与造型都隐于岁月的年轮之中，用作品诠释宇宙的永恒。其作品有一种历史沧桑的厚重与和谐，呈现出悠远厚重的历史之美、沧海桑田的时间之美。漆跃辉几十年来一直用其自己独创的胶矾重彩技法，并从民间美术和古代壁画中汲取养分，形成了他自己独特的个人风格。其作品具有一种纯真朴拙的气息与韵味。

——孙韬

序

前一段时间有两件事让我颇有感触：一是中央电视台第10套节目播出的关于中国远征军的纪录片，以中国远征军后人间的交往和他们对远征军资料收集过程为线索，其讲述让人感动。而收集这些鲜为人知的史料的难度亦是可想而知的，其中仅仅因为几幅照片，当事人就要数次远赴美国，与当时援华美军的家属和子女查实求证，搜集的过程实在不容易，因此资料成片委实弥足珍贵。历史的真相往往令后人遥不可及，重述这些鲜活的历史场景更显困难。二是通过朋友买到两本书——《碎片化的历史学——从〈年鉴〉到“新史学”》[1]和《法国史学革命：年鉴学派，1929—1989》[2]，使我了解到20世纪西方史学界年鉴学派的建立和发展历史。第一代吕西安·费弗尔和马克·布洛赫，第二代布罗代尔，第三代安德烈·比埃尔吉尔和雅克·雷维尔、弗兰索瓦·费雷等，这些年鉴学派发展过程中的主要代表人物在史学研究领域做出了伟大贡献。在该学派长达60年的发展过程中，他们一直倡导通过跨学科合作创立新史学的研究方法，并追求建立历史心理学之目标，在他们的努力下，历史学、社会学、经济学、地理学、考古学、政治学等各学科之间的壁垒得以打破。同时通过年鉴方法研究，主张分析社会势力与个人感情（吕西安·费弗尔），提倡跨学科的思考方法（马克·布洛赫），主张开放的学术观，通过心理史、新经济史、民间文化史、象征人类学的研究来推动政治史的发展（弗兰索瓦·费雷），重建史学研究方法，打通社会史与文化史。通过重新启用、界定“集体表象”这一概念，克服社会史与文化史之间的隔阂与局限，加强对“心态工具”的研究（罗杰·夏蒂埃），这些新的研究方法和思维角度逐渐形成了年鉴学派研究的核心价值，亦使其成为世纪史学的研究主流。这使我想到面对当下、面对艺术和艺术研究，我们如何借鉴与运用前人的研究成果来审视我们所处的时代和个体生命，这是值得思索的一个课题。更重要的是，在当代，我们的记录手段已经变得立体和多元，因为我们可以毫不费力地借助录音、影像、图片等媒体让我们这个时代可以更为“全面”“多样”地保留下来。像齐白石、黄宾虹、李可染他们那个年代，留给今世的人文资料也是相当稀缺的，尤其影像资料。所以在注重个体生命、个体艺术价值的前提下，我们以事实为基础，推出《中国艺术家年鉴》系列丛书。丛书主要侧重艺术家个体艺术状态的研究，以同步研究为理念，长时间对艺术家的生活与艺术创作进行多方位的渐进投入式记录。采用语言叙述、文本整理、图片归纳、影像拍摄、学理研究、创作过程跟踪、出版推荐等手段，在不同时间和空间内感知艺术家个体生命的鲜活与本真，让艺术家的生命本体绽放光芒。主编这套系列丛书的目的就是在尊重个体价值的基础上，为我们的时代艺术在将来的历史写作上保留一些最基本的材料和有益的参考。

“年鉴”之于中国历史的叙述方式并非全无根据，编年体就是重要的历史写作方式之一，而《宋史·艺文志》更有“年鉴”一卷（已遗失）。我们可以简单地把“年鉴”看成一种编年体，在事物发展的过程中，做朴素的材料整理与记录。

当下，不同文化艺术门类的融通、碰撞显而易见，而尊重多元化和价值共同体的构建却更应互为依托。因此，在《中国艺术家年鉴》系列丛书的编辑工作中，我们会逐渐邀请一些具有不同文化和教育背景的艺术家，通过不同的艺术语言，在我们共同所处的“大时代”的定义下，以个体经验为蓝本，缔结出最为广义的文化认同。

少言多行应该是我们完成工作最有效的方式。

是为序。

陈子游

2010年12月6日

注释

①［法］弗朗索瓦·多斯：《碎片化的历史学—从〈年鉴〉到“新史学”》，马胜利译，北京大学出版社2008年版。

②［英］彼得·伯克：《法国史学革命：年鉴学派，1929—1989》，刘永华译，北京大学出版社2006年版。

艺术家简介

漆跃辉，1960年6月生。毕业于湖南师范大学美术学院，中国艺术研究院访问学者。中国美术家协会会员，中国壁画学会理事，湖南省工笔画学会副会长，湖南文理学院美术学院教授，常德市美术家协会名誉主席，湖南省“三百工程”文艺家。其作品先后参加第七届、第十二届、第十三届、第十四届全国美术作品展览及十多次其他国家级美术展览，在省级美术展览中多次获金银铜奖。其工笔画作品《桃花源记》制作成壁画被永久安装陈列在常德画墙上，作品入选大型画册《中国壁画百年》。2021年应邀参加上海市“十三五”重大文艺创作项目——“开天辟地——中华创世神话文艺创作与文化传播工程”，其重彩画作品《心存天下》入选并由上海美术馆收藏。

自序

喝着壶瓶山清澈的山泉，带着山野泥土的气息，走出大山，走出石门，从农民到中小学教师、政府机关职员、报社编辑再到大学教授，回首一路风尘，不胜感慨。在我头发斑白的耳顺之年，编辑出版作品集，汇聚我从艺30多年来的艺术足迹，同时也凝聚着我的家人、老师和领导及众多朋友对我的支持与关爱。这部作品集算是对生我养我的父母，对所有关心和支持我的亲人、老师和朋友的回报。同时，期望通过我的作品留住那些久远的时间，留住那些健在的和逝去的美好。

人生就是在不断地做减法，从报社调往学校，有关新闻编辑、版面设计的事情便可以丢掉不想了；退下学院的行政工作，有关学院管理方面的事情就可以不管了；退休了，学院有关教学等所有的事情都可以不问了。于是就有更多的时间和精力去做自己想做的事情，生活和艺术变得越来越单纯。退休后来到长沙，有了一间自己的工作室。当时买工作室时，小区的房子都卖完了，只剩下一楼的几套房子，无奈买下了一套。搬进工作室才发现房前房后十分开阔，房间所有的窗外都是满目苍翠。真是歪打正着，常常忘记这是楼上还有30多层住户压着的最底层，以为自己住在豪华的别墅里了。阳光从宽大的落地窗穿过树枝零星地洒落在我的茶台上，穿透茶杯里的醇红的茶水，使红色红得特别绚丽，奏乐，焚香，读书，习字，画画，品茗。哈哈，是不是有点飘的感觉，有点古代文人、现代职业画家的感觉了。于是一狠心决定要省吃俭用，要多花点“银子”为自己出版一本好一点的画集，于是便翻箱倒柜地找资料，搜肠刮肚地写文章，终于“拼凑”成了一本作品集。

我常常把自己的画画比作搬砖，因为喜欢这样的生活方式，故乐此不疲。我的作品都是靠笨功夫画出来的，我会很真诚地努力画好每一件作品。将这些作品拿出来，希望得到各位老师和朋友的指正。

漆跃辉

2023年7月写于长沙

桃源花开

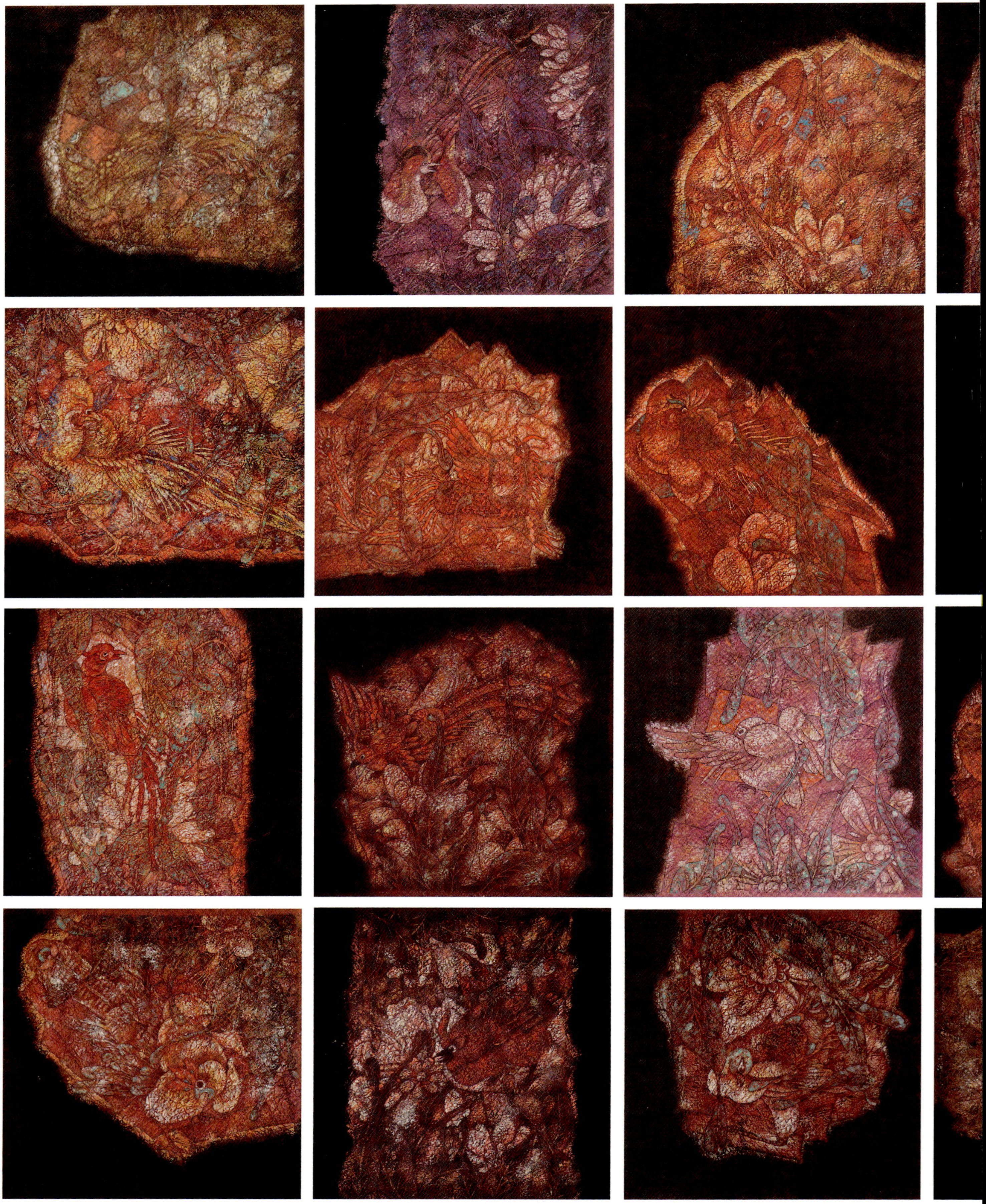

技进乎道，象出于意

——试析漆跃辉的绘画艺术创作

文／李蒲星（湖南省文艺评论家协会副主席）

桃源花开　40cm×40cm×16　纸本重彩　2021

现代儿童心理学研究幼儿心智有个著名的涂鸦期理论，说的是儿童语言表达不足以对等心灵感知时，就代之以涂鸦绘画显现心灵感知。但这个理论有一个前提是，儿童有一个自然正常的成长环境。如果儿童的成长环境严重不正常，涂鸦期就不会出现。涂鸦期理论的另外一个重要意义是，绝大多数儿童在语言表达能力正常发展后，就会自然放弃涂鸦。只有极少数儿童会从涂鸦期顺利发展出对图画的兴趣和爱好。这就是为什么很多艺术家都是与生俱来就喜欢图画的缘由。而对于那些没有涂鸦期的儿童，他与生俱来的喜欢图画就会被推迟。

漆跃辉说自己直到初中时才发现自己喜欢美术的原因就是如此。20世纪60年代初期，严酷的成长环境剥夺了那个时期幼儿的涂鸦期，小学美术课的缺失又压抑了内心的图画爱好，直到初中美术课时这种兴趣才“无中生有”地出现。所以等到高中毕业考上桃源师范学校时，漆跃辉就与众不同地偏爱美术，毕业之后也就顺理成章地兼做小学、初中美术教师。

乡镇教师的微薄收入使漆跃辉更向往回到石门县城，而正是会画画使他转岗到县委党校。真正的人生转折也随之发生：他和几个朋友一同考入湖南师范大学美术系，毕业后又从县党校转岗到常德日报社做美术编辑。

20世纪90年代，中国最流行的热词是“下海”，标志着社会从思想解放、观念更新转向发展经济、脱贫致富的实际行动。一夜之间，好像所有人，包括大批量的文学艺术家都下海成为生意人，艺术被抛在了脑后。经济繁荣催生了广告的发展，报纸、电视是广告大户。这种社会的大变局虽然没有使漆跃辉也加入下海潮流，但时代潮流的影响是不可避免的。对一个地级市而言，市报的美术编辑理所当然具有专业美术家的身份，但美术家的地位与水平仍然需要证明。证明的方式简单直接明了，那就是获得中国美术家协会会员资格。而获得会员资格的方式就是参加中国美术家协会举办的展览。所以，虽然整个90年代深受下海潮流的困扰，但漆跃辉却努力向中国美术家协会举办的展览进军。结果是他在新世纪之初终于实现了成为中国美术家协会会员的梦想。这在当时的常德美术界同龄人中是屈指可数的。由于中国美术家协会会员的社会权威性，漆跃辉顺利成为常德美术家和同代美术家的佼佼者，并当选为常德市美术家协会主席。

成为中国美术家协会会员既是一种专业荣誉，也是一种专业压力。这个压力就是如何做一个名副其实的美术家。所谓“实”，就是创作出有独特个性特征和个人艺术风格的作品。这是一个比参加全国美展更复杂也更模糊的艺术目标。为了实现这个目标，漆跃辉决定到北京继续更专业、更精准的深造。在经过选择权衡和资格审查后，漆跃辉于2002年进修于文化部工笔重彩画高级研修班。2005年，从常德日报社调入湖南文理学院任教没多久，漆跃辉再次北上中国艺术研究院做访问学者，继续研修工笔重彩画。

两次北上研修重彩画，与其说是单纯的求学，不如说是有如科学家一般做科研。两度进京研修重彩成果是非常明显的。不仅仅是作品参加展览，更重要的是绘画视觉焕然一新。可以说，正是两次北上研创的成果，清楚地把漆跃辉的绘画分为两个阶段。

1980—1999年，是湖南工笔画红遍湖南和影响全国乃至海外的时期，而湖南师范大学美术系则是湖南工笔画家的培养基地。就学于此时此地的漆跃辉不可能置身于“湖南工笔画现象”之外。为他获得中国美术家协会会员资格的全国展览作品主要也是工笔画。但是，两度北上研修重彩画的经历却使漆跃辉在湖南工笔画家群体中显得与众不同。

“湖南工笔画现象”之所以能成为影响全国的美术创作现象，主要原因是践行了“一手伸向传统，一手伸向生活”的现代中国画创作理念，还具有明显的湖南地域的独特性。“传统”指的是传统工笔画语言风格，“生活”指的是现实生活特别是湖南少数民族人民的生活。同时，也践行中国传统工笔和西方写实具象风格的融合创作思维。虽然漆跃辉参加全国美展的作品也具有湖南工笔画的基本特征，但他并不满足于此。

桃源刺绣之一

“八五新潮”美术对湖南美术创作的影响既是“直接”的更是“间接”的。所谓“间接”，指的就是那些没有直接参与的艺术家也自觉地在理论和创作实践中展开艺术的探索和实验。湖南工笔画最有代表性的青年画家朱训德从20世纪80年代末期率先拉开了湖南工笔画的新探索，并且在整个90年代，其作品以既是新工笔探索又具有现代性中国画特征而备受关注与好评，这就使朱训德的新探索成为包

桃源刺绣之二

括漆跃辉在内的更年青一代湖南工笔画家模仿借鉴的榜样。漆跃辉于90年代末创作的花鸟画明显受朱训德新工笔探索的影响。

朱训德的工笔画新探索从技法技巧和湖湘文化精神两个层面启迪了漆跃辉。从新世纪一开始，漆跃辉就试图在技法技巧和新观念两个层面展开自我探索。如果说2000年的《根》还有明显的模仿痕迹，到2001年的《清泉》系列就可以视为漆跃辉自我探索的开始，到2002年重彩画研修班学习前后，漆跃辉的创作因为自我探索的进展而异常活跃。2003年初出版的《中国实力派美术家·漆跃辉》主要辑录的是画家2002年的创作和传统壁画临摹，包括可视为风景或山水画的《幽谷》系列，可视为山水人物的《高士》系列和《心斋》系列，可视为花鸟画的《寒秋》系列，以及独幅作品《寂光无色》《红树白云》《升》等。这些作品从题材物象而言涉及山水、花鸟和古装人物，但从视觉图像结构而言，却不是传统中国画类型上的山水画、花鸟画和人物画。而从绘画的技法技巧风格而言，既不是传统的工笔，更不是传统的写意。漆跃辉自撰的文章《我的胶矾重彩画》细致地交代了胶矾重彩画的探索过程和技术性方法。也是因为这种胶矾重彩技法使这些不同题材物象的作品具有明显的视觉统一性。在这些作品里，胶矾重彩技法技巧超越题材物象和题材类型升级为艺术的风格形式价值与意义。

虽然重彩画研修班时间并不太长，但漆跃辉所获得的各种信息却持续地被消化而转化为视觉创新的探索与实验。2004—2005年，《远古京腔之一》《远古京腔之二》《戏剧人生》三件作品连续参加第二届全国中国画人物画作品展和第二届中国美术家协会会员作品展。三幅画的题材都是戏剧人物形象——这是经关良、林风眠等艺术家创作开掘而形成的一种现代中国画特有的人物画类型。但与前辈艺术家的水墨或彩墨风格不同，漆跃辉创作的是他探索与实验的胶矾重彩技法技巧，而且，与其早期作品相比，无论是视觉形式还是整体意象都更趋于丰富而统一。通过入选全国展览这种肯定的方式，漆跃辉对自己胶矾重彩画的阶段性成果充满自信，于是，相同的技巧及其形式语言风格全面拓展，先是从戏剧人物自然转化为皮影人物，然后又转向现实生活人物，再转向古装高士与仕女，

桃源刺绣之三

又从现实人物转向现实都市风景。从传统壁画到京剧人物再到皮影人物，直到桃源民间刺绣花样。民间美术总有一种持续吸引漆跃辉的魔力，从而使他的胶矾重彩画创作永远保持新鲜活跃的艺术生命力。

除了个人的自由创作外，具有明显的订制特征的大型公共艺术创作成为近年漆跃辉艺术创作的另一个特色。首先是作为都市文化景观的常德穿紫河桥底壁画，10幅壁画中的9幅是漆跃辉主创，然后是庞大的常德画墙工程之一的《桃花源记》创作，仅仅壁画稿就长10米，高0.97米，画中共有人物70余个。在《我画〈桃花源记〉》一文中，漆跃辉写道："壁画创作之前，我一直是在研究工笔重彩画，我的工笔画作品的色彩大多是从古代壁画中寻找感觉，技法上是利用胶矾水改变生宣纸的性能的特点，采用将生宣纸揉皱后在正反两面反复皴擦胶矾水和颜色，从而使画面具有历史的沧桑感，使色彩丰富和厚重。"工笔重彩画《桃花源记》的色彩处理基本上沿用了他一贯的表现手法。

东方异质审美文化如浮世绘和原始艺术在西方现代主义美术运动中扮演了推动和启迪的角色，同样，民间美术在中国现代美术的发展过程中也扮演了推动和启迪的角色。林风眠彩墨画就是典型的中国民间美术和西方现代美术的融合。20世纪80年代，湖南作家韩少功倡导的"寻根文学"明确将根定为远古楚文化，而楚文化则是转化为湘西民间文化流传到现代。这个大的时代文化创新潮流无疑唤醒了漆跃辉内心的"民间"意识。"我认真学习民间美术、秦汉石刻、古代壁画及现代绘画经典作品，学习桃源民间美术，在其中汲取营养。"

在漆跃辉的艺术审美理念中，民间美术是一个多层面的结构和系统，既有色彩的民间美，也有造型的民间美，还有图像结构的民间美；民间美感既是视觉的形式，也是精神内涵的感觉。

显然，这是作为整体的民间美术，而不是某一类某一种民间美术在漆跃辉审美意识

桃源花开之一　40cm×40cm　纸本重彩　2021

桃源花开之二　40cm×40cm　纸本重彩　2021

中的投射。所以，虽然源于客观的民间美术作品，但作为整体的审美理念投射却有明显的个性倾向，就像同是源于戏剧人物，关良的审美理念却不同于林风眠一样。

更重要的是，漆跃辉找到了表达这种个性化审美理念的感性形式，这就是他持续探索实验而趋于完善的胶矾重彩画技法技巧。因为这种技法技巧与传统勾勒、渲染法有很大不同，所以，漆跃辉的胶矾重彩画与勾勒渲染的传统技法技巧工笔画在视知觉上差异巨大。虽然漆跃辉还保留了一定的勾线和渲染，但胶矾重彩画巨大的色彩表现性能无疑在视知觉中具有核心和主体地位。这就使漆跃辉的绘画足以从传统工笔画风格中区别开来，具有明显的个人风格特征。再加上胶矾重彩技法的肌理效果和丰富的色彩色调浑然一体，有意味的形式感自然生成。

胶矾重彩本来是纯粹的绘画技巧和方法，但因为显现的是漆跃辉个人审美理念中的民间美感，而不是为技术创新（以求与传统工笔画风格不同）而技术。这就使技术的探索与实验升华为审美理念的表达，技术创新升华为艺术的独创。

在漆跃辉的审美理念和艺术独创中，除“技进乎道”外，还有“象出于意”。同样，“象出于意”的启迪主要也是来源于民间美术。

无论是传统主流中国画，还是西方绘画，作为整体的视觉图像都有具体的艺术与审美法则，如山水画的“三远”法，花鸟、人物画的“虚实疏密”法，西画的“焦点透视”结构法，等等。相对于主流绘画的图像法则，从壁画到木雕到刺绣的种种民间美术，似乎在作画立象过程中，总是随心所欲地无法无规，既不受现实生活的真实限制，也没有不可逾越的规矩法则。正是审美理念中这种民间美术的随心所欲，漆跃辉从自觉探索胶矾重彩画一开始，就是新技法和新图像齐头并进。技法技巧的完善成熟与图“象出于意”的完善成熟同步。从《远古京腔》到《远逝的风景》，再到《潘家园印象》，代表了胶矾重彩技法语言与自由意象探索的高度统一和完善。《红色·梦》和《潘家园印象之一》两幅大型绘画堪称代表作。《红色·梦》由16幅50厘米×50厘米的小画组合而成，也可以视为系列作品，正是因为具有系列作品的同一性才具备组合于一画的整体性。每一幅画可以辨别出皮影人物形象和现代都市的不同景观，如路灯、路牌、围栏等，再加一些浮云和纯粹抽象色彩，这些在现实景观中不可能并置的物象在漆跃辉的绘画意象中毫无不和谐感，因为强烈的胶矾重彩视觉效果和具体物象与抽象色彩的统一共同创造了一个梦幻般的意象。《潘家园印象之一》的独特处在于，其来源于现实生活中著名的观光游览点，画中人物也是源于现实生活，甚至造型还趋向写实，但却不是生活气息浓厚的市井风俗画。画家充分发挥胶矾重彩画的色彩与肌理效果制造而成的抽象意味，极大地淡化了生活的真实，强化的是主观意象。

将具有明显个人独特视觉风格的胶矾重彩技法与家乡桃源传统刺绣花样有机统一，形成了漆跃辉最大规模的《桃源花开》绘画创作工程，创作出具有明显系列特征的作品。

从漆跃辉个人艺术创作历程而言，《桃源花开》系列是他绘画艺术风格语言最成熟、个性特征最鲜明的作品。此前的创作，要么是初期对已有艺术风格的模仿与借鉴，要么是自我表现的探索与实验，《桃源花开》则是自我表现探索与实验的成熟艺术成果，其价值最明确地体现了艺术创作创造性转化与创新性发展的时代要求。

刺绣是中国民间美术中绘画性最强的样式之一。全国各地的民间刺绣，既有一般民间美术实用性与审美性相互统一的特征，又有因为相对闭塞而造成的不同地域性的特征。常德桃源刺绣就以它独特的花鸟题材、意象造型和雅艳色彩而备受关注，被喜爱者争相收藏。作为常德本土画家，漆跃辉对桃源刺绣的关注和喜好更比一般人强烈。

艺术家与桃源刺绣的关系可以是一般人收藏与赏鉴的关系，也可以是作为个人艺术创作源泉的关系。漆跃辉从收藏赏鉴桃源刺绣开始，进而发展到将之作为个人艺术创作的源泉。

审美活动是人类最重要与最恒久的精神情感存在形式之一，而这个最重要、最恒久的人类精神情感存在形式的现实化是以持续的艺术创作来达成的。因此，艺术创作与人类存在共同构成了一条源源不绝的历史长河。每一个时代和每一个个体艺术家都只不过是这条历史长河的某个环节，每一个环节既与以往一脉相承，又与未来一线相连。因此，创造性转化和创新性发展就成为艺术创作最普遍的基本规律。

在中国传统美术文化中，民间美术与文人美术并行不悖，各有不同的内在规定。对于当代中国人而言，传统民间美术和传统文人美术一样，都只是收藏与赏鉴的对象。但对于以创作为职业的艺术家而言，传统文人美术是创新性发展的资源，而传统民间美术则是创造性转化的资源。这里的“创造性转化”，就是将传统的民间美术转换为与时代同步的艺术，转换成功的创作成果也就不再是被转化前的民间美术，而是“笔墨当随时代”的当代艺术。

传统工笔花鸟画源远流长，除独特的工笔画语言风格外，其创作方式是“外师造化，中得心源”。而漆跃辉的《桃源花开》系列作品，虽然对传统工笔画语言风格有所借鉴与继承，但其绘画语言风格更多的是他实验探索十多年的胶矾重彩技法技巧而形成的绘画视觉新语言风格。这就使《桃源花开》系列作品的视觉效果严重偏离了工笔语言的审美特征。

另一方面，虽然《桃源花开》系列作品中的视觉符号与意象可以明确为花或鸟，但无论是作品整体的视觉结构，还是每一朵花、一片叶、一只鸟，既不是工笔花鸟画的“虚实疏密”图像，也不是“外师造化”的生动真实，因而也就严重地偏离了花鸟画题材类型的视觉规范。

桃源花开之三　40cm×40cm　纸本重彩　2021

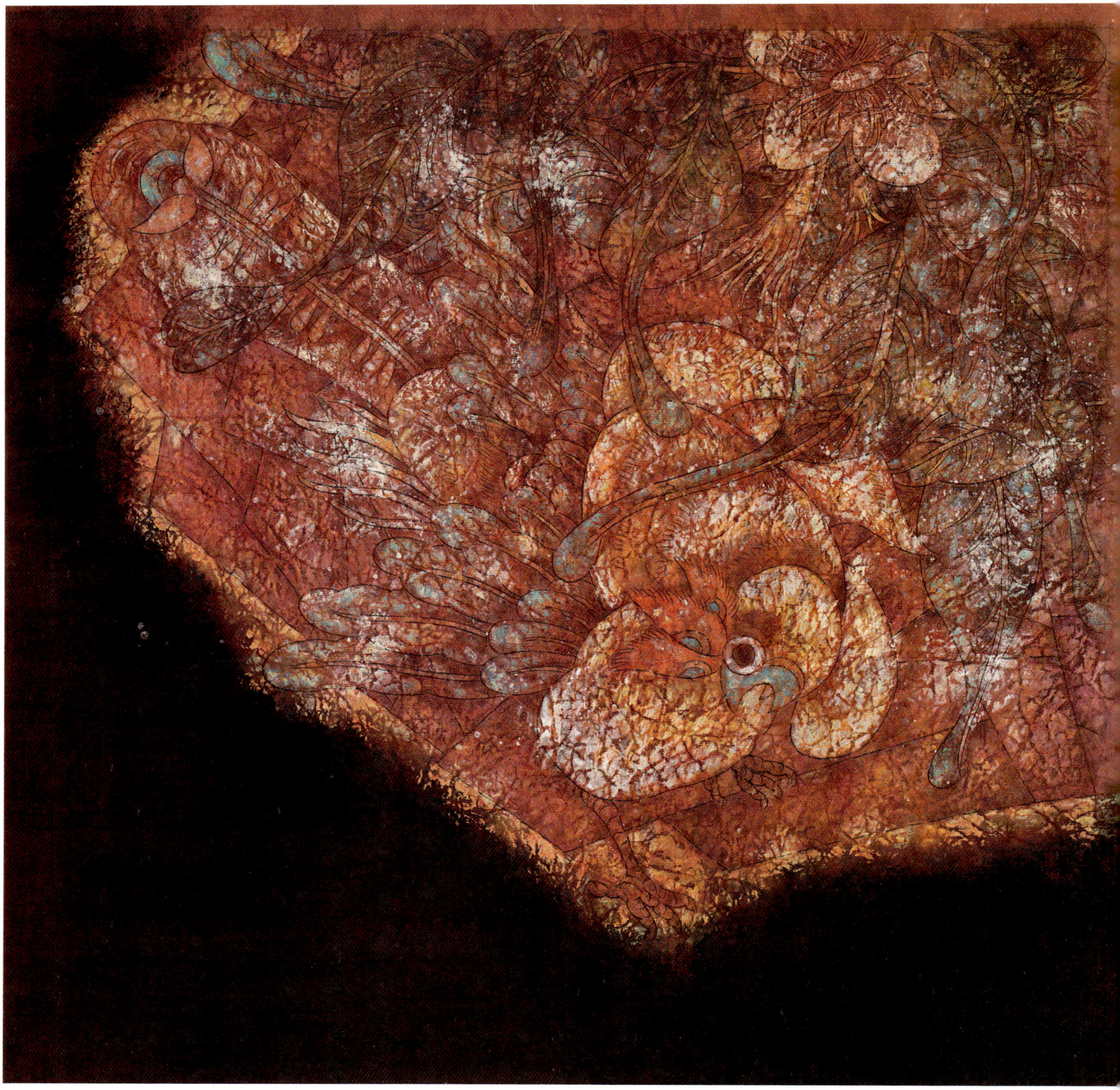

桃源花开之四　40cm×40cm　纸本重彩　2021

偏离工笔语言风格，是漆跃辉探索实验了完整的胶矾重彩技法及其视觉表现。偏离花鸟画图像则是在视觉结构、物象造型、色彩表现等方面广泛借鉴了桃源刺绣的审美表达。

就这样，完整的纸本胶矾重彩技法及其视觉美感使《桃源花开》系列作品呈现的不再是刺绣艺术，而是具有强烈的绘画艺术性。而对桃源刺绣的全方位借鉴与挪用，又使《桃源花开》系列绘画不再是题材类型化的花鸟画。

这就是源于桃源刺绣，但却成功地转化为绘画艺术，似乎是花鸟题材内容，却是传统花鸟画类型的革命性创新。

既不是传统工笔画，也不是传统花鸟画，这就使《桃源花开》系列具有明显的当代性。扬弃传统中国画的虚实对比和留白特征，强化了作品的视觉张力；自觉的墨黑与色彩的合二为一，以及在图像色彩之间灵活运用黑色抽象块面，更强化了绘画的视觉特征。只有胶矾彩绘技巧的肌理视效和细腻丰富的色调变化，在视觉张力的当代美感中又显示出韵味的民族审美文化特征。

2023年6月9日于古潭州江西山麓可餐房

桃源花开之五　40cm × 40cm　纸本重彩　2021

桃源花开

文／漆跃辉

常德，古称“武陵”，晋代作家陶渊明的名篇《桃花源记》就出自常德的桃源县，常德又被称为“桃花源里的城市”。常德文化底蕴深厚，民风淳朴，山水秀丽，这块土地滋养我长大。桃花源是我心中理想的家园，它是我的作品要表现的对象和意蕴，也是我艺术创作的不尽源泉。

2020年下半年，历时三年的《桃花源记》工笔画稿及壁画创作完成，我便开始《桃源花开》系列作品的创作。从这时开始，我画了一批以桃源刺绣为参照、以《桃源花开》为题的花鸟画作品，之前也画了一批古代高士之类的作品，这些作品大概都与桃花源有一定的关系。

儿时生活在离桃源不远的一个小山镇，镇上有很多明清时期的老宅子，青砖白墙，墙缝里长着许多的杂草杂树。在高低错落的封火墙的白墙边上，有很多不同形状的小框，在框里绘制有很多的花鸟图案，在室内的木柱木板上雕刻有许多精美的图画，当时觉得十分的好看而难忘。在那个物质和文化十分匮乏的年代，这就是我看到的最精美的美术作品，或许“桃源花开”那时就在我的心中萌芽。

桃源县，这里真是个神奇的地方。在20世纪90年代初，我在桃源县城河边的一条小街上看到了一批桃源木雕和桃源刺绣的作品，第一次看到桃源木雕和桃源刺绣，绚丽的色彩、拙朴的造型、纯真而淳朴的画面让我激动不已！散落在民间的桃源木雕和刺绣的数量特别多，但其独特的风格仅限于以桃源为中心的一小块范围，离开桃源的其他县的木雕和刺绣的风格便会迥然不同，其独特的艺术风格在全国民间美术中独树一帜。湖南博物院慧眼识珠，花费数年时间在桃源实地考察整理收集资料，在2021年，为桃源木雕、桃源刺绣做了两个专题展览，受到全国的专家学者的一致赞赏。

我也曾试图考证桃源民间艺术的起源，查阅了大量的当地历年县志及其他史料，并到乡间实地考察，除了口口相传的历史传说和现存木雕与刺绣作品外，几乎没有任何有

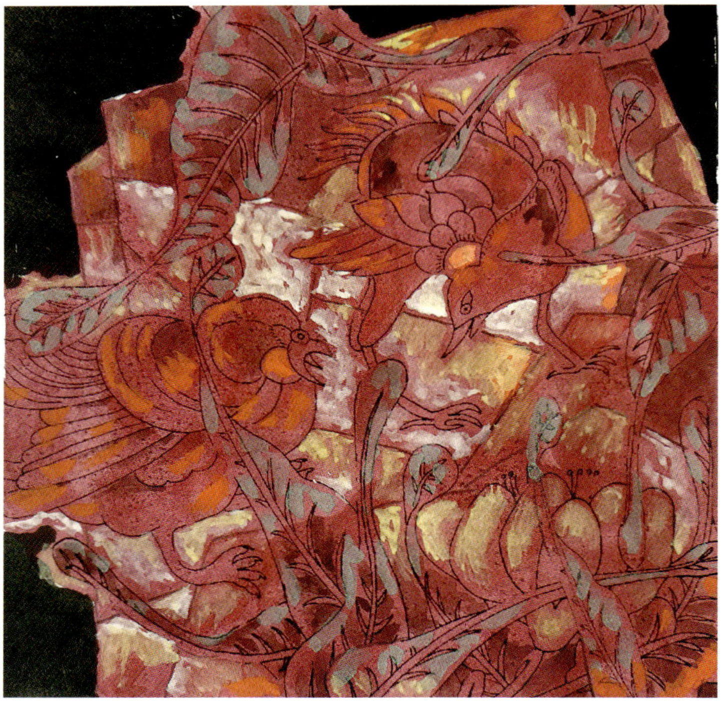

桃源花开（草图） 10cm×10cm 纸本设色 2021

价值的文字史料。古时的桃源县是一个相对封闭的地方，这里的人们出于对美好生活的向往，几乎每一家都会在他们的家具和衣物上雕或绣上吉祥图画，代代相传。桃源木雕和刺绣就是在这块土地上长出来的美丽的奇异之花。古时的桃源交通不便，沅江是唯一和外面相通的口子，于是我就想，是不是在遥远的古代，有股神秘的清风，带着一颗神奇的种子从沅江口飘来，然后在这里生长？是什么时候的风？是不是远古《诗经》中的“国风”，有诗云“桃之夭夭，灼灼其华。之子于归，宜其室家”，还有“园有桃，其实之肴。心之忧矣，我歌且谣”。从远古吹来的风，是那么的纯真而质朴！是屈原被贬之后流落沅江时带来的种子吗？有诗曰“沅有芷兮澧有兰”“扈江离与辟芷兮，纫秋兰以为佩”，屈原身上佩戴着玉兰与白芷，漫步在清清的沅水河边，玉兰、白芷随风飘落，是多么的高洁与悠远、浪漫与神秘。

历史从远古到先秦，由青铜的狰狞神秘的血与火，到春秋战国思想的绚丽灿烂，到秦汉的雄浑与大气，由楚汉的浪漫、唐代的青春与活力到宋代的多情与婉约及明清的世俗。“人猿相揖别”，漫长的文化历史于我们短暂的人生来说是那么的来去匆匆。每每读到张若虚的《春江花月夜》中的“不知江月待何人，但见长江送流水”，还有苏轼的《前赤壁赋》中“寄蜉蝣于天地，渺沧海之一粟。哀吾生之须臾，羡长江之无穷。挟飞仙以遨游，抱明月

桃源花开之六　40cm×40cm　纸本重彩　2021

桃源花开之七　40cm × 40cm　纸本重彩　2021

桃源花开（草图） 10cm×10cm 纸本设色 2021

而长终。知不可乎骤得，托遗响于悲风”这些诗篇，历史的洪荒感就在我的心中涌动。

自古花鸟多妩媚，在我的眼里，桃源之花没有太多春天的娇嫩与柔美，我看到的更多的是绚丽烂漫与沧桑悠远。好花不常开，肉眼所见的自然之花的美丽是那么的短暂，只有艺术能让短暂的美好变得悠长而亘古。面对“桃源花开”，我心存敬畏，我迟迟不敢下手动笔。我没有那么艳丽的颜色去表现如此绚丽的灿烂，在画纸面前，我显得十分的笨手笨脚，我无法用我的绘画语言把我想要表达的说清楚，这也是我的作品比较朦胧的原因之一。

2023年6月2日于长沙

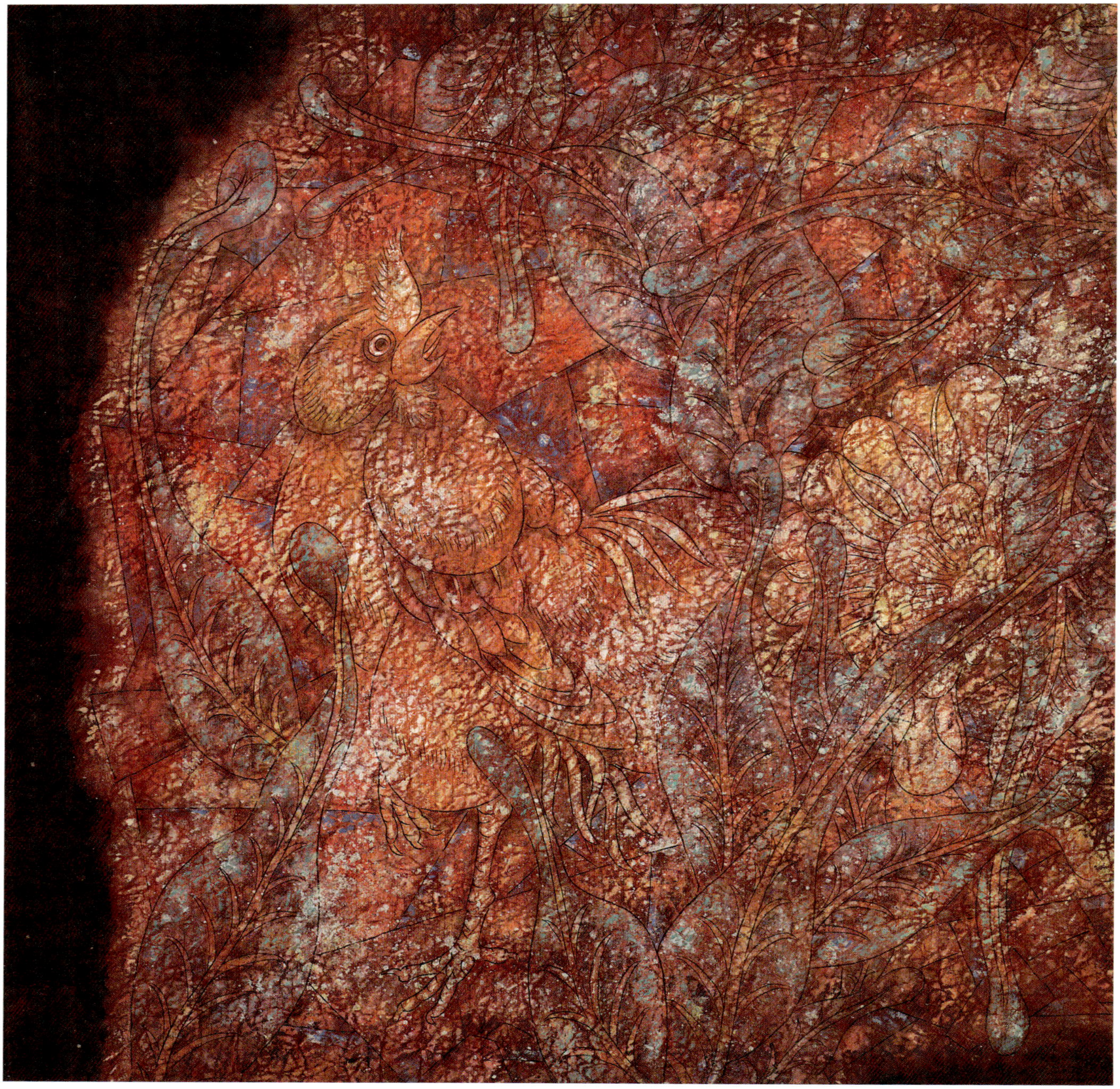

桃源花开之八 40cm×40cm 纸本重彩 2021

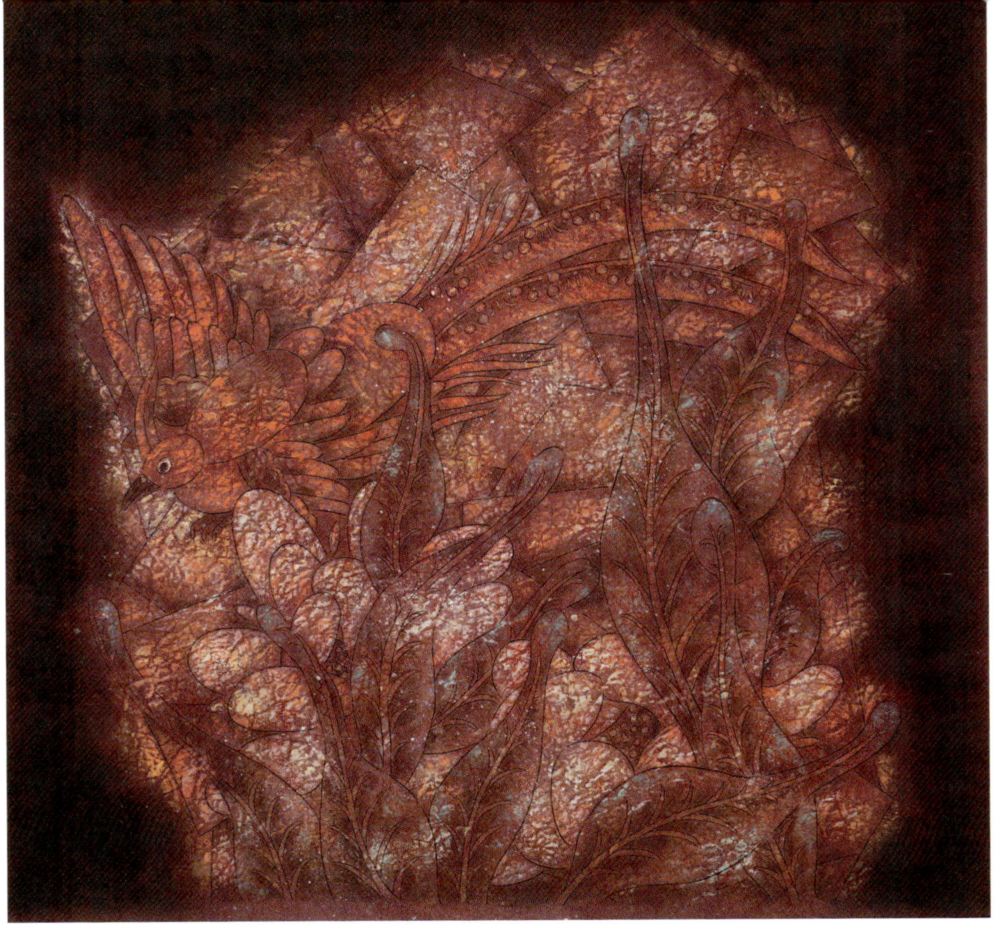

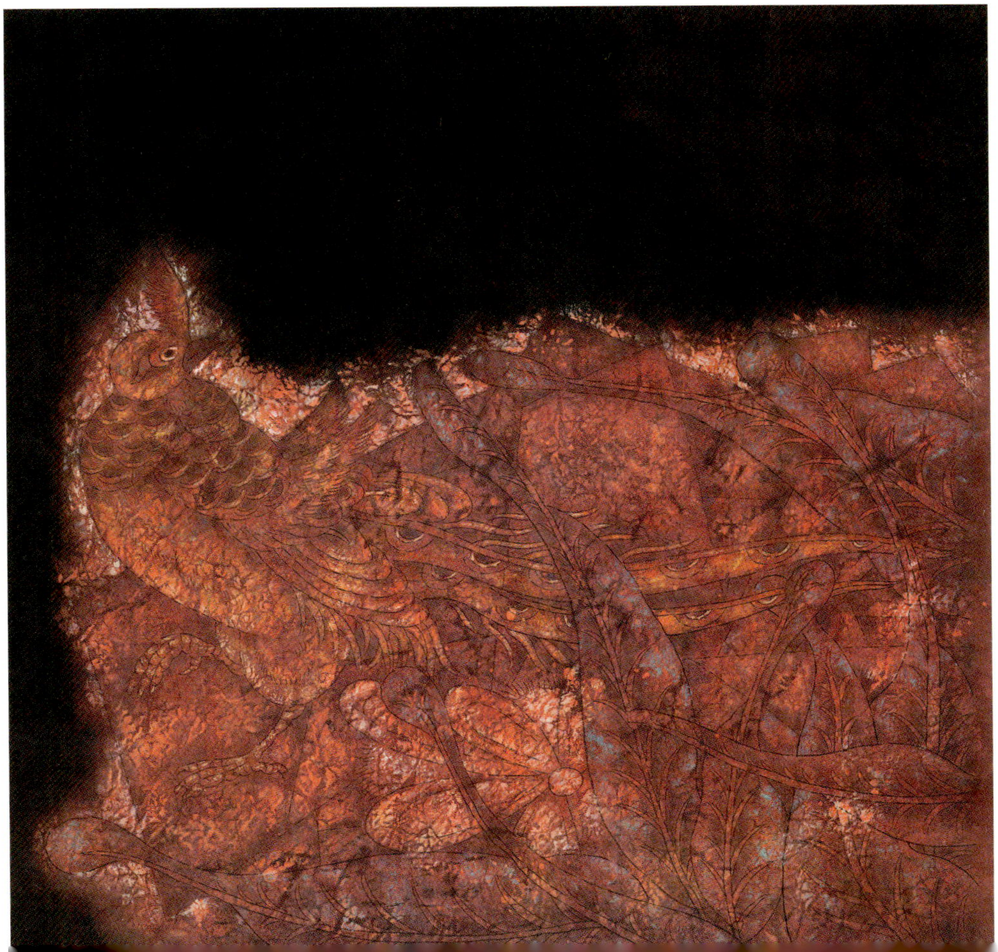

（上图）桃源花开之九　40cm×40cm　纸本重彩　2021

（下图）桃源花开之十　40cm×40cm　纸本重彩　2021

美术作品“气息”之刍议

文／漆跃辉

当我们走进博物馆，看到中国古代商周的青铜器——那种以超人的历史力量与原始宗教神秘相结合的作品时，一种沉重、神秘、狞厉的气息扑面而来；看到宋元的绘画却透露出闲散、宁静、安逸的气息。古今中外美术大师的作品无一例外地充满着浓厚的艺术气息。倪云林的闲适无奈、散淡寂寞之气；八大的孤傲之气；吴昌硕的磅礴雄健之气；齐白石的清新、淡雅、宁静、天真之气；凡·高的热烈、奔放的气息；毕加索的作品《格尔尼卡》中透露的悲壮之气。中国传统绘画对“气”之运用无论从理论还是实践都已达到了登峰造极的高度。“气”不仅存在于中国书画作品中，同样存在于一切美术作品中。现代绘画以其宽阔的胸怀，融合古今中西，运用许多不同的手段创作充满浓厚艺术气息的美术作品。一幅美术作品无论是具象还是抽象，是精雕细刻还是大笔挥洒，有没有浓厚的气息是衡量一幅美术作品质量优劣的重要标准之一。

一、气息与生命

“气”最早源于我国原始初民对自然界的烟雨云气变化的观察及对人体呼吸之气与血脉流通的体验，后来人们把“气”进一步深化与拓展成一种哲学范畴的“气”的概念，这一种“气”不单指具体的自然云气、人身气脉，而进一步扩大内涵，升华为一种构成万物、万象、万态的有形无形的生命原质，一种能在复杂的气化谐和过程中造成万事、万物（包括自然、社会、人类生命乃至精神道德境界）的有机物质实体了。[1]

中国古代画家们将自己的主观情感乃至生命气息与自然对象相互感应、相互拥抱，气息相通，而创造出“天人合一”的具有生命气息的图像。我国古代元气论者认为：人身之气与自然之气具有同源性，都充满着与宇宙生命运动一脉相承的律动与韵律。

美术作品的生命不在于是否“状物”，而在于作品是否有一种内在的气息，有了“气”，便具有了生命。西汉霍去病墓前的雕塑《伏虎》，该作品没有局部的精雕细刻，完

桃源花开之十一 40cm×40cm 纸本重彩 2021

桃源花开之十二　40cm×40cm　纸本重彩　2021

全是粗线条的大块面的整体形象，而你却强烈地感觉到一种气势与力量。一件美术作品虽然精雕细刻，张牙舞爪，若没有内在的气息，那便只是一个没有生命的躯壳而已。

“气息”是从生命体内部自然散发出来的，如同一个学者，因其深厚的文化底蕴而从骨子中散发出一种学者的气息。画家就是捕捉万物生命本体精神的内在气息。

二、气息与呈现

黑格尔曾指出：杰出的艺术作品是一个“生气”灌注的整体，而这种生气灌注，是艺术作品的生命力之所在。“气”是艺术作品的生命，要使宇宙万物富于生命，就要“在对宇宙万物的生机活力与深层生命内涵的独特体悟中实现对事物生命的整体把握与深层体验，进而达到对宇宙人生作宏观审美与深层探索的要求”[②]。

1.体自然之气。自然界万物皆有灵性，关键是我们如何去唤醒它。作为画家要用心去感悟自然，由目视而入于神遇，由直觉而入于心觉，就像庄子“心斋”一样，用心去体悟大自然万物千差万别的生机活力与生命内涵，把握其生命节奏与韵律。要求画家心怀澄静，以其主体之气感悟自然之气，体悟大自然或空灵韶秀或苍古萧疏之气息。

2.养人身之气。不同的人物、不同的环境、不同的经历会使画家本身具有不同的气息，画家必须不断地加强自己各方面的修养，不断地“养气”，“文学艺术论中的‘养气’说要求作家艺术家通过心灵和精神的自我陶冶、净化、充实、完善和升华来提高和改善主体素质，维护身心健康，以最佳的思想境界和精神状态投入创作活动”[③]。

桃源花开之十三　40cm×40cm　纸本重彩　2021

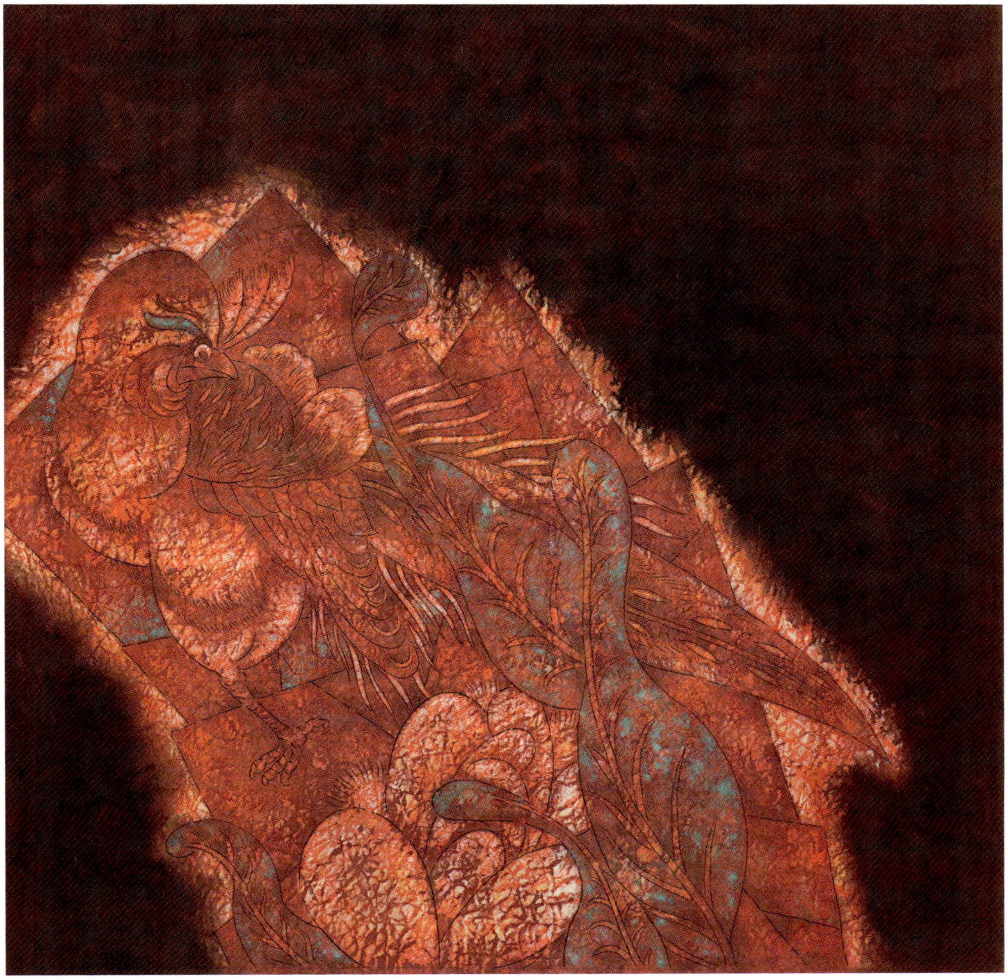

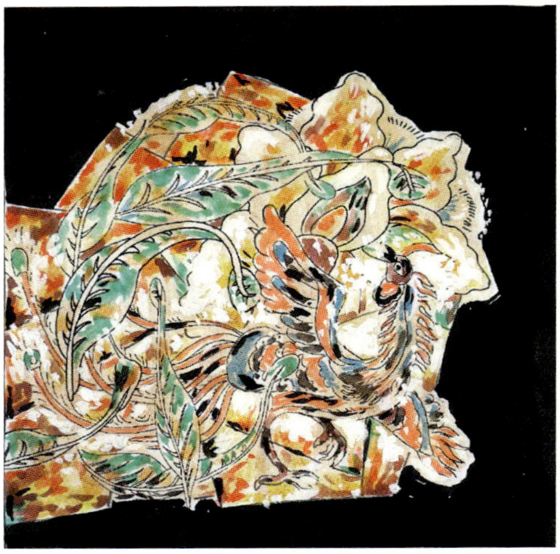

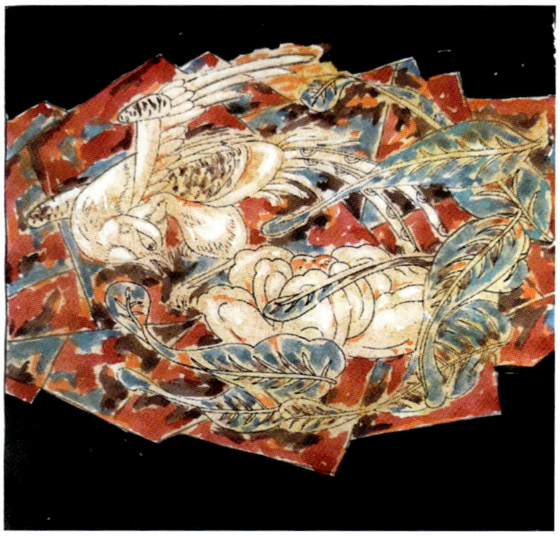

3.创作品之气。作品之气是作为艺术创作本源的自然之气，与作为审美主体生命力与创造力源泉的人身之气的自然融合。要求画家练就一双秩序化的眼睛，将散乱而繁杂的物象秩序化，在客观世界中寻觅他所感动的，和艺术家个体的气息相融的物体和景象，将自己的情感和个性气质投射到对象中去，并运用艺术的手法进行概括、取舍，使绘画作品具有某种气息。

三、气息与时间

气息与时间的长短有着直接的关系，美术作品就像陈年老酒，时间越长，所产生的气息便越强烈、越浓郁。时间的长短体现在两个方面：一方面，是指某一幅美术作品在绘制时所花的时间和精力。我国古代山水画家，常常是“五日一山，十日一水”，用水墨反复皴擦点染，营造出苍凉、浑厚之气息。中国古代的壁画因千年时间的冲刷，而使作品具有了沧桑的艺术气息。现代许多画家运用各种不同的技法长时间反复制作而使画产生许多复杂的情感，使画面充满了某种气息。另一方面，有的画家的作品虽然是“逸笔草草，一挥而就”，而其背后却是数十年修养的沉积、笔墨的磨炼。

时代不同，人的情感体验不同，由作品体现出来的气息也应有所不同。现代科学技术可以很方便地使人们直接或间接地体验到地球上每个角落的风土人情，从宏观上可以遨游太空，从微观上可以观察到一个细胞的内部结构。当今艺术家的视界比以往任何时代的艺术家都要开阔与宏杂。随着时间的推移，艺术家的情感体验也将会不断地发生变化。现代科技的发展，材料与技法也会不断地发展变化。情感体验无限，美术作品的气息无限，对美术作品的气息的探索也会无限。

桃源花开（草图） 10cm×10cm×3 纸本设色 2020

注释

①参见蒲震元《中国艺术意境论》，北京大学出版社1999年版，第107页。

②蒲震元：《中国艺术意境论》，北京大学出版社1999年版，第122页。

③涂光社：《原创在气》，百花洲文艺出版社2001年版，第96页。

桃源花开（草图） 10cm×10cm×2 纸本设色 2021

桃源花开（草图） 10cm×10cm 纸本设色 2021

桃源花开之十四 40cm×40cm 纸本重彩 2021

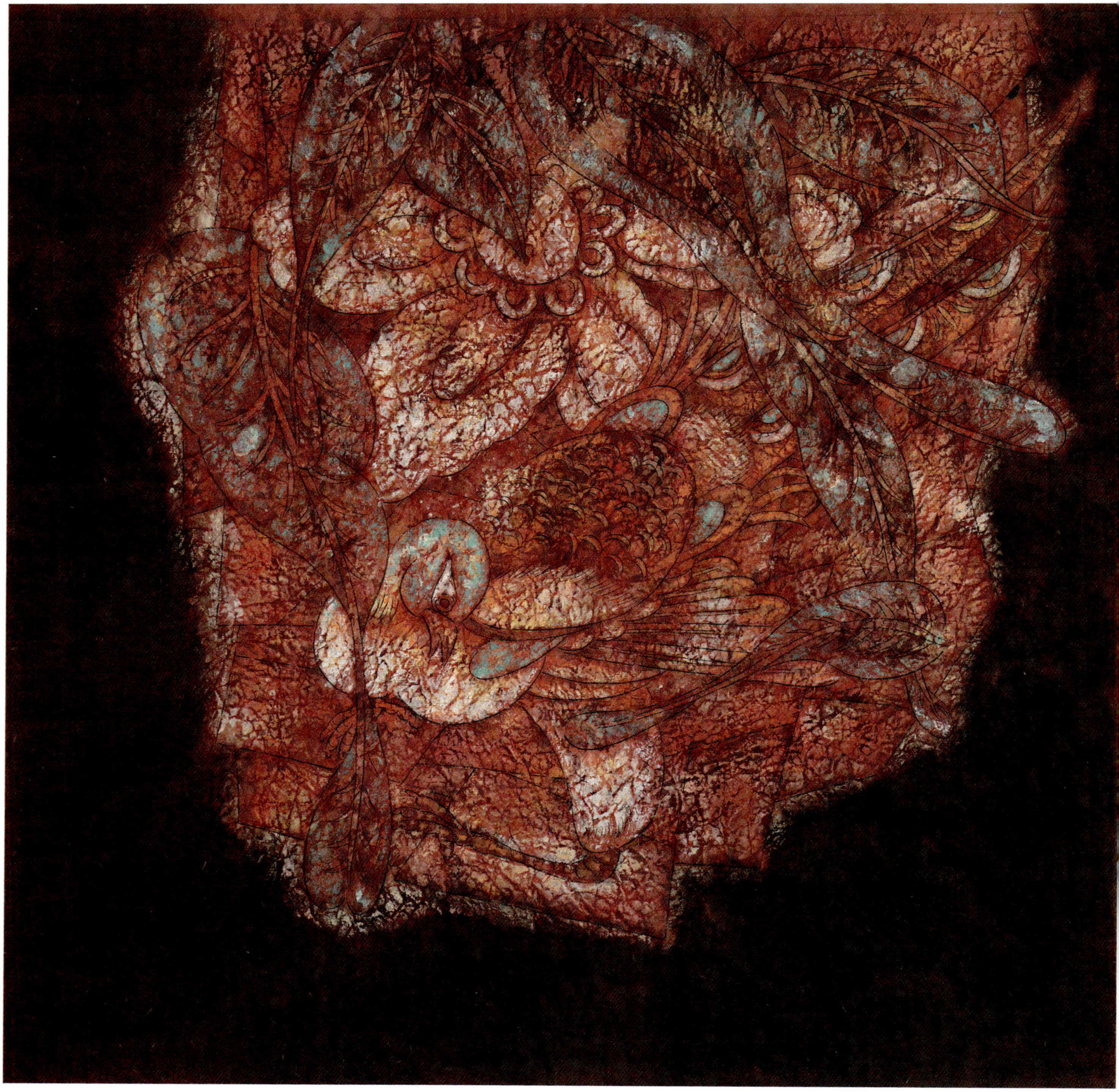

桃源花开之十五　40cm×40cm　纸本重彩　2021

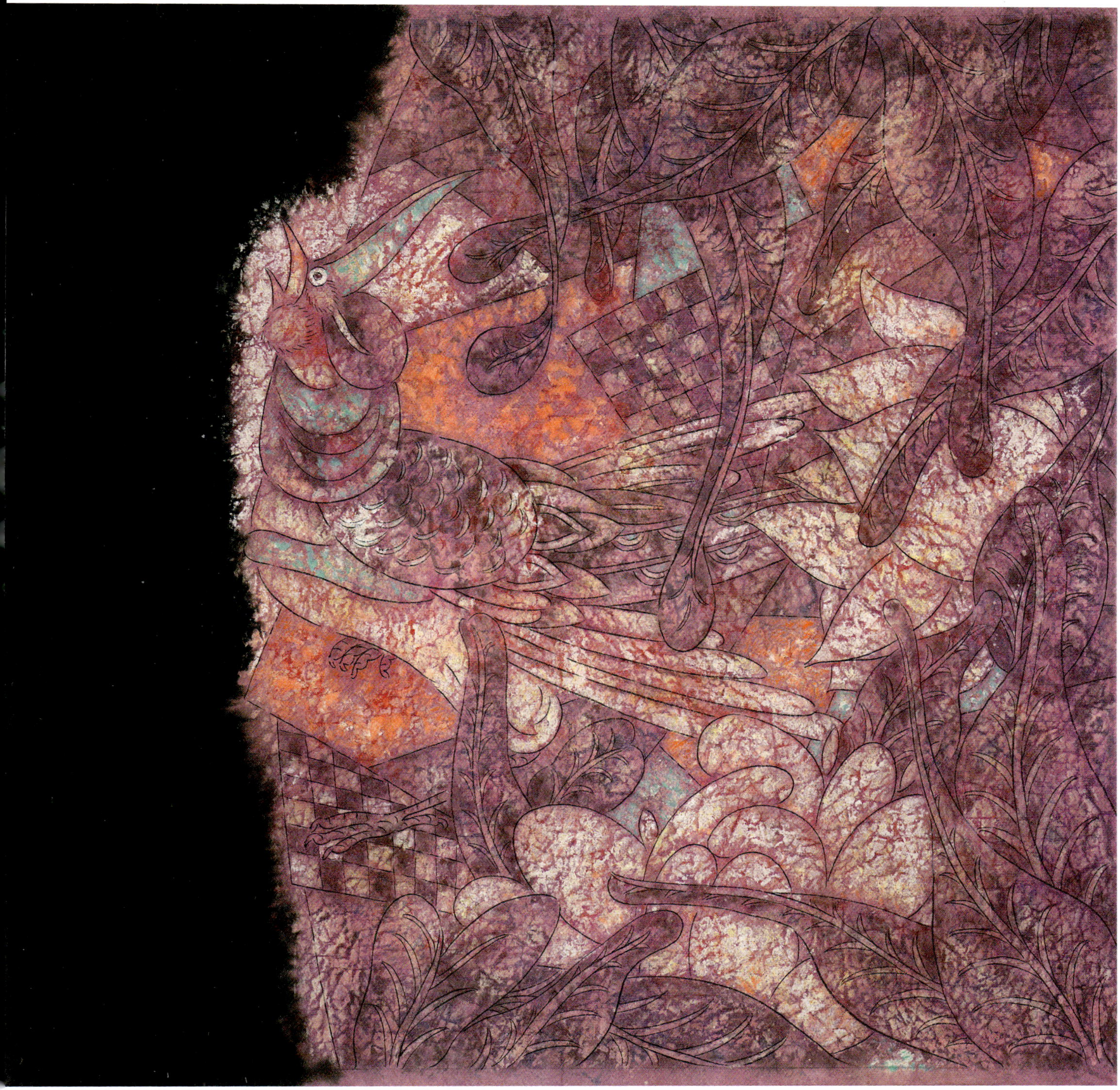

桃源花开之十六　40cm×40cm　纸本重彩　2021

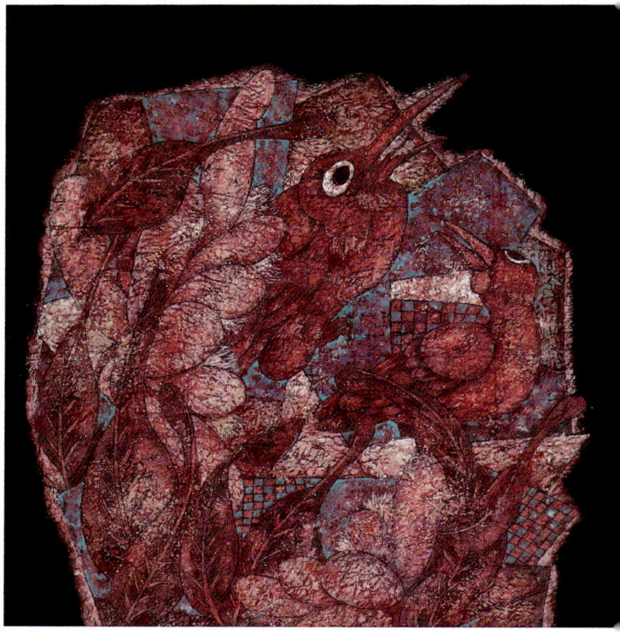

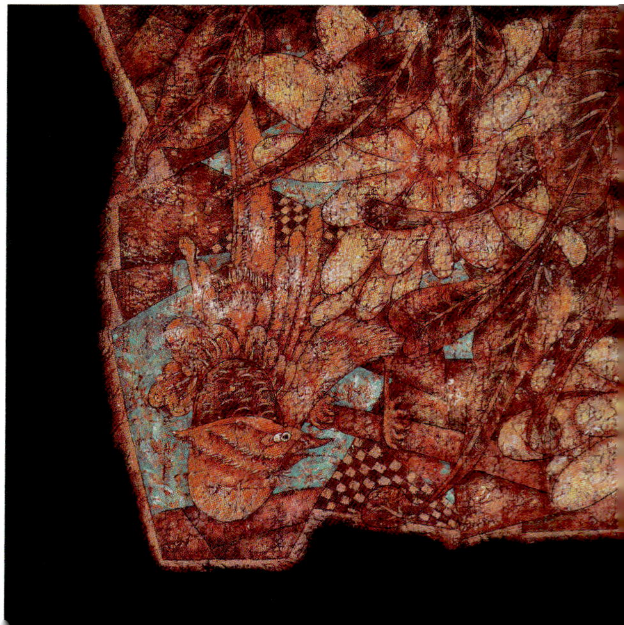

32 . 桃源花开 · 寂 40cm × 40cm × 9 纸本重彩 2020

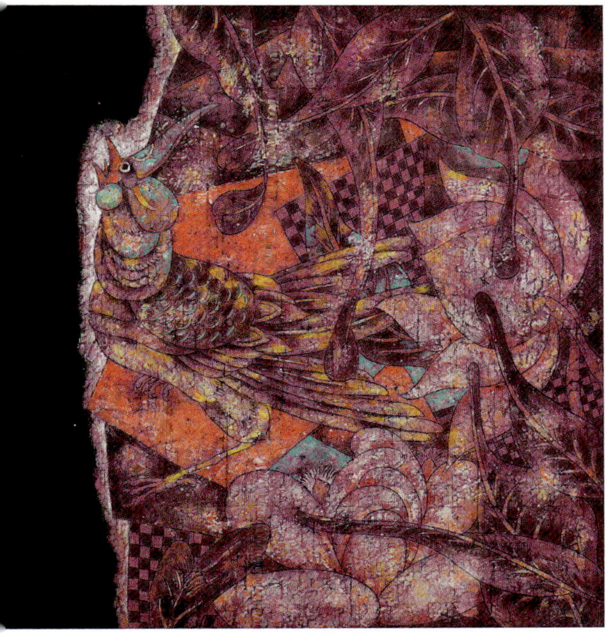

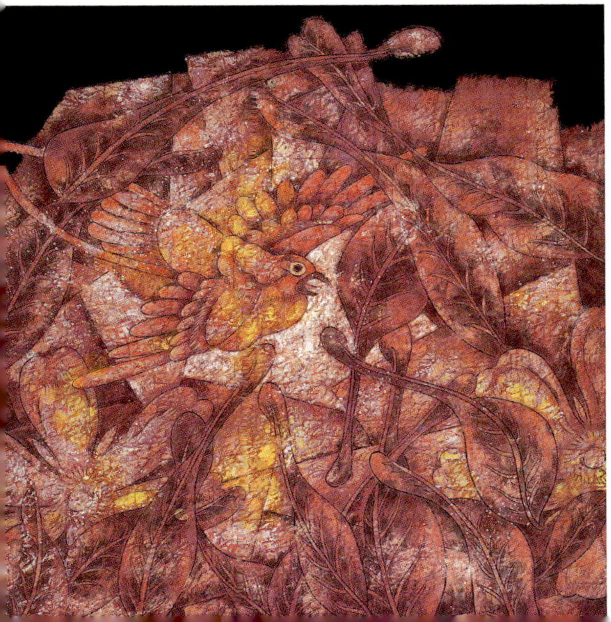

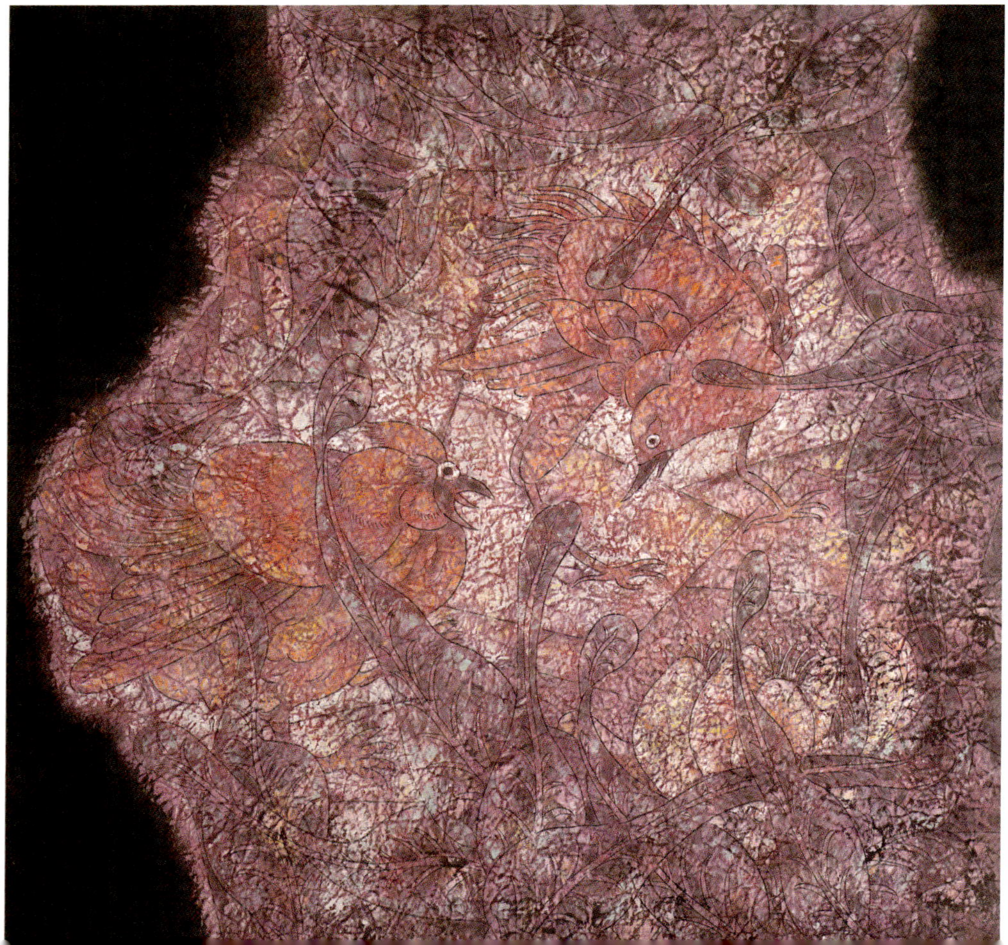

（上图）桃源花开之十七 40cm×40cm 纸本重彩 2020
（下图）桃源花开之十八 40cm×40cm 纸本重彩 2020

（上图）桃源花开之十九 40cm×40cm 纸本重彩 2020
（下图）桃源花开之二十 40cm×40cm 纸本重彩 2020

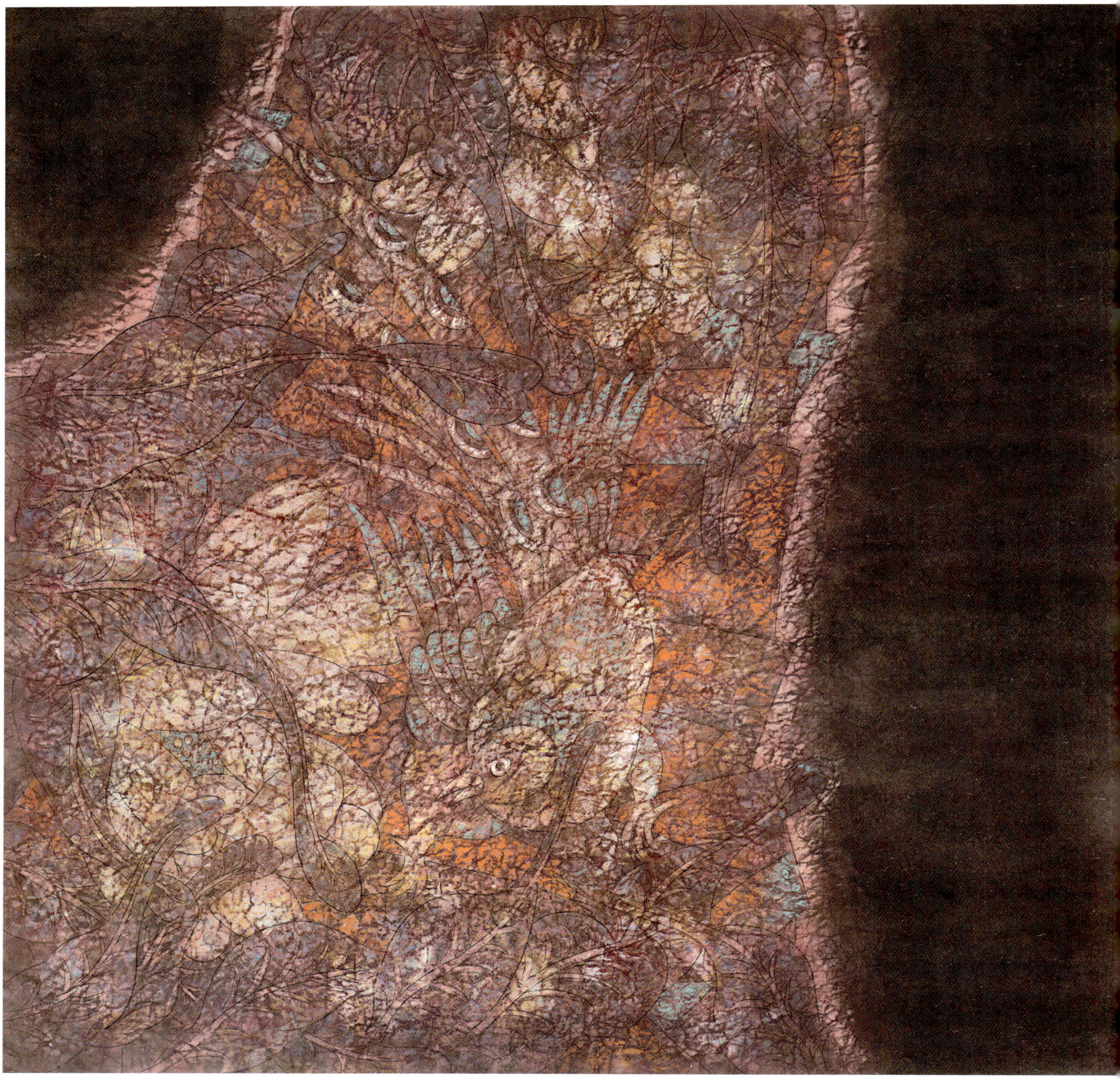

桃源花开之二十一　40cm×40cm　纸本重彩　2020

桃源花开之二十二　40cm×40cm　纸本重彩　2020

（上图）桃源花开之二十三　40cm×40cm　纸本重彩　2020

（下图）桃源花开之二十四　40cm×40cm　纸本重彩　2020

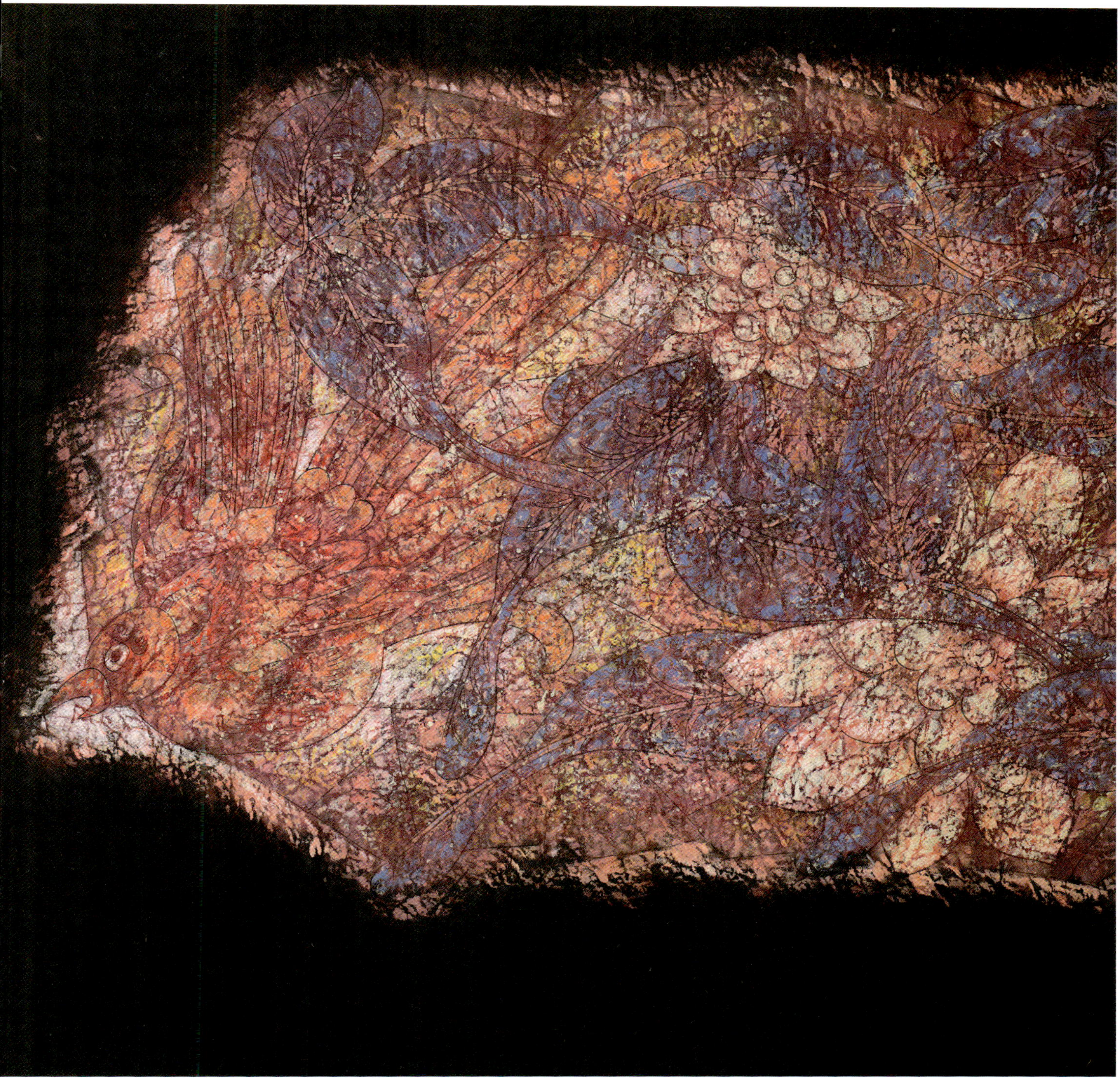

桃源花开之二十五　40cm × 40cm　纸本重彩　2020

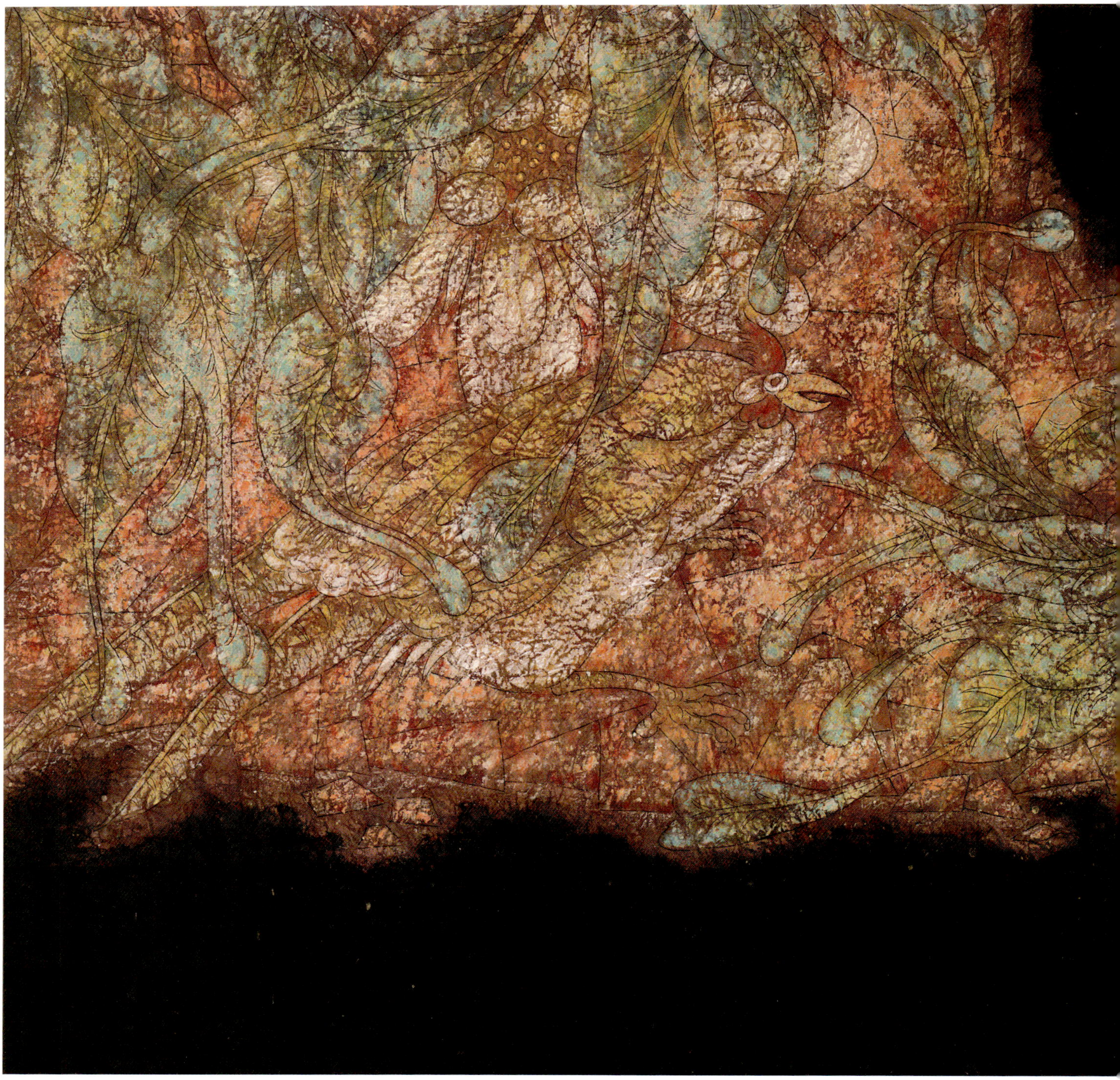

桃源花开之二十六　40cm × 40cm　纸本重彩　2020

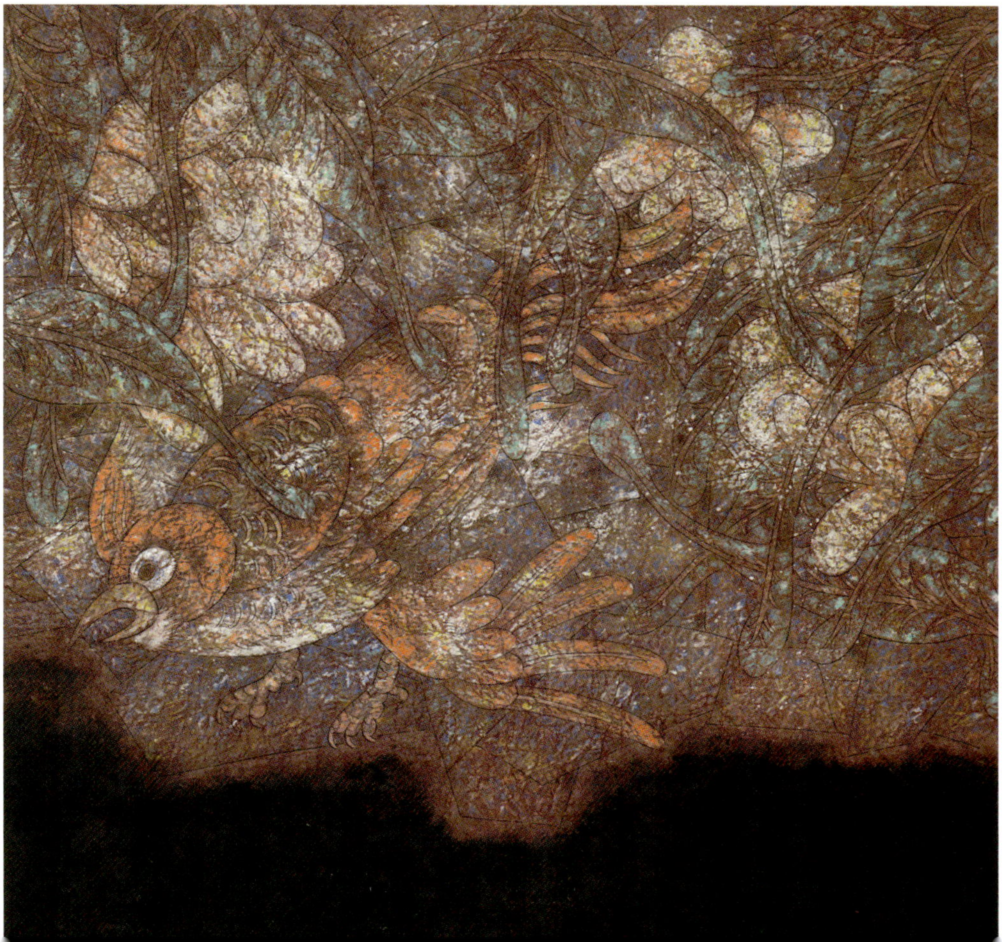

（上图）桃源花开之二十七　40cm×40cm　纸本重彩　2020
（下图）桃源花开之二十八　40cm×40cm　纸本重彩　2020

（上图）桃源花开之二十九　40cm×40cm　纸本重彩　2020

（下图）桃源花开之三十　40cm×40cm　纸本重彩　2020

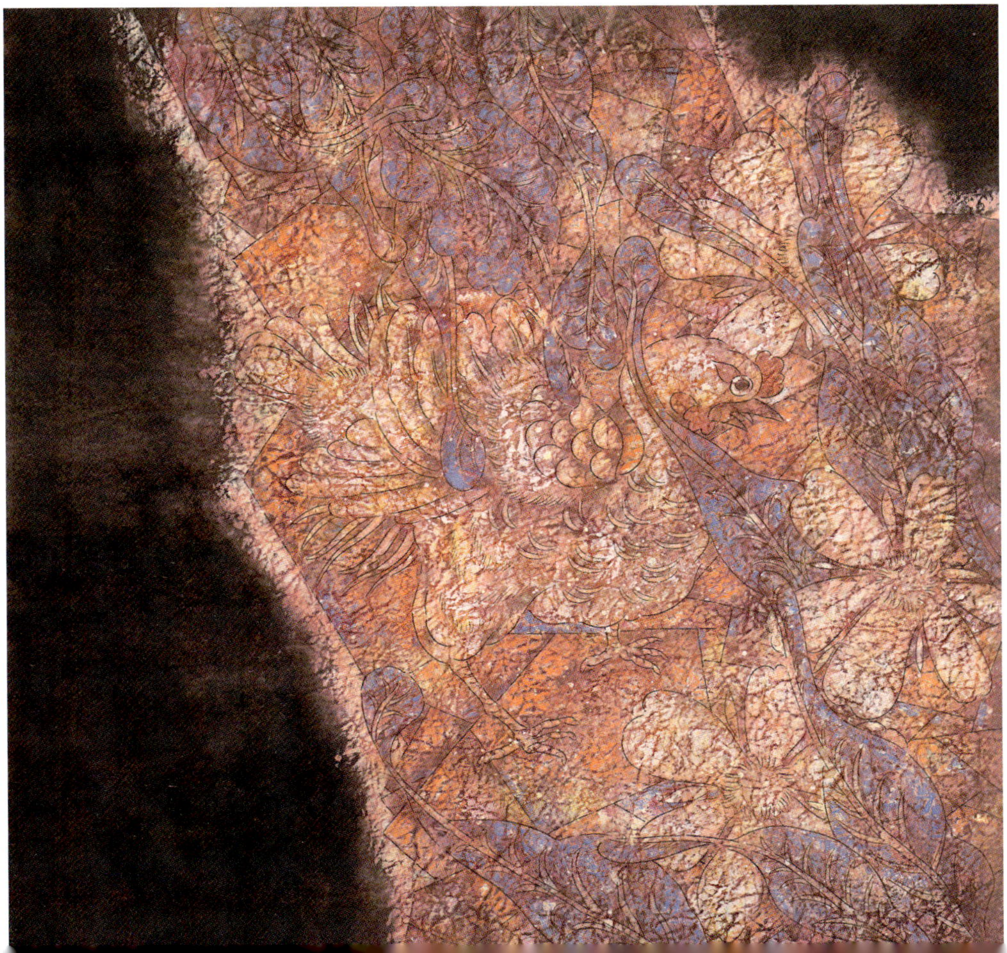

（上图）桃源花开之三十一　40cm×40cm　纸本重彩　2020
（下图）桃源花开之三十二　40cm×40cm　纸本重彩　2020

 花开有声 180cm×180cm 纸本重彩 2023

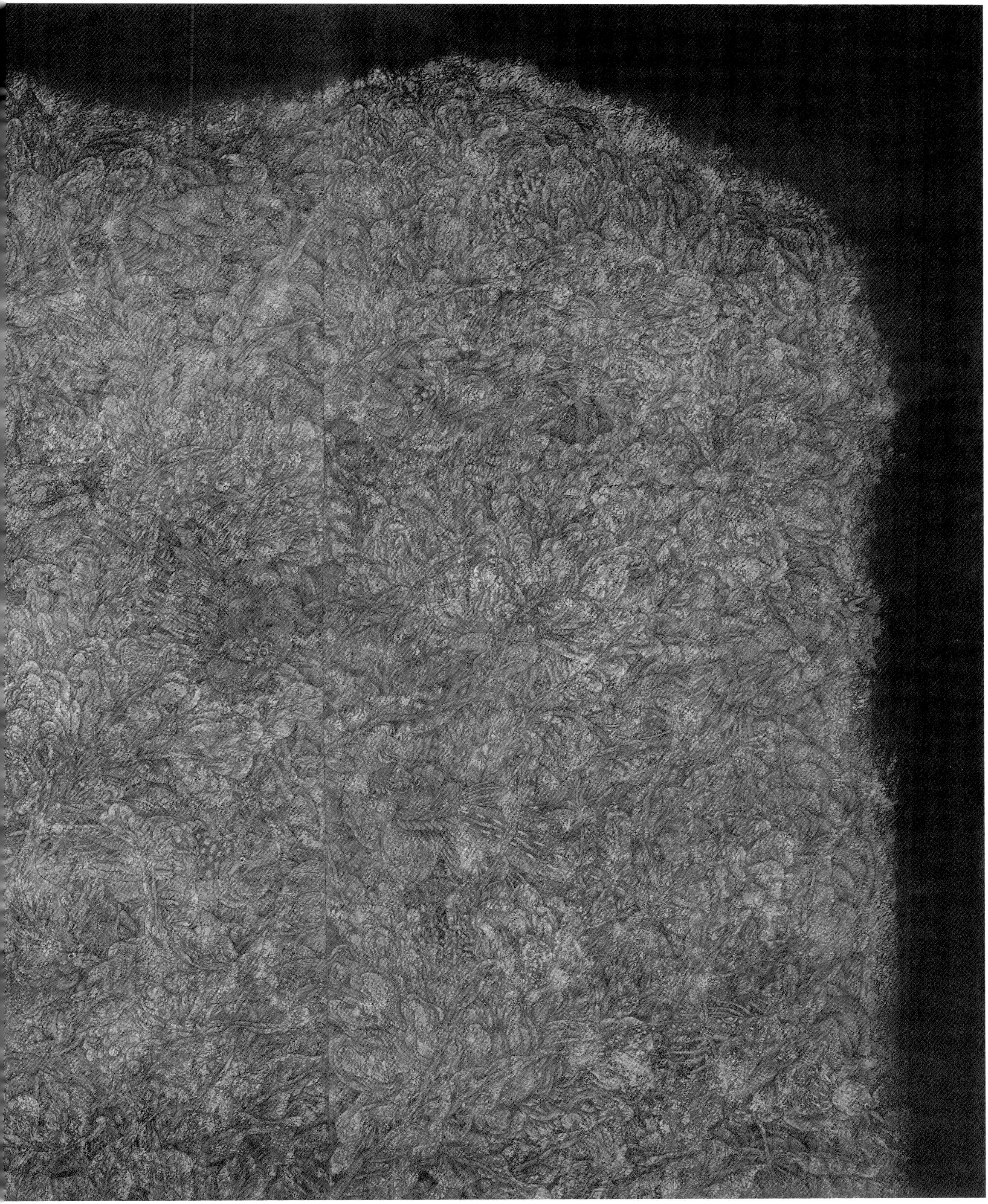

花开有声（局部）

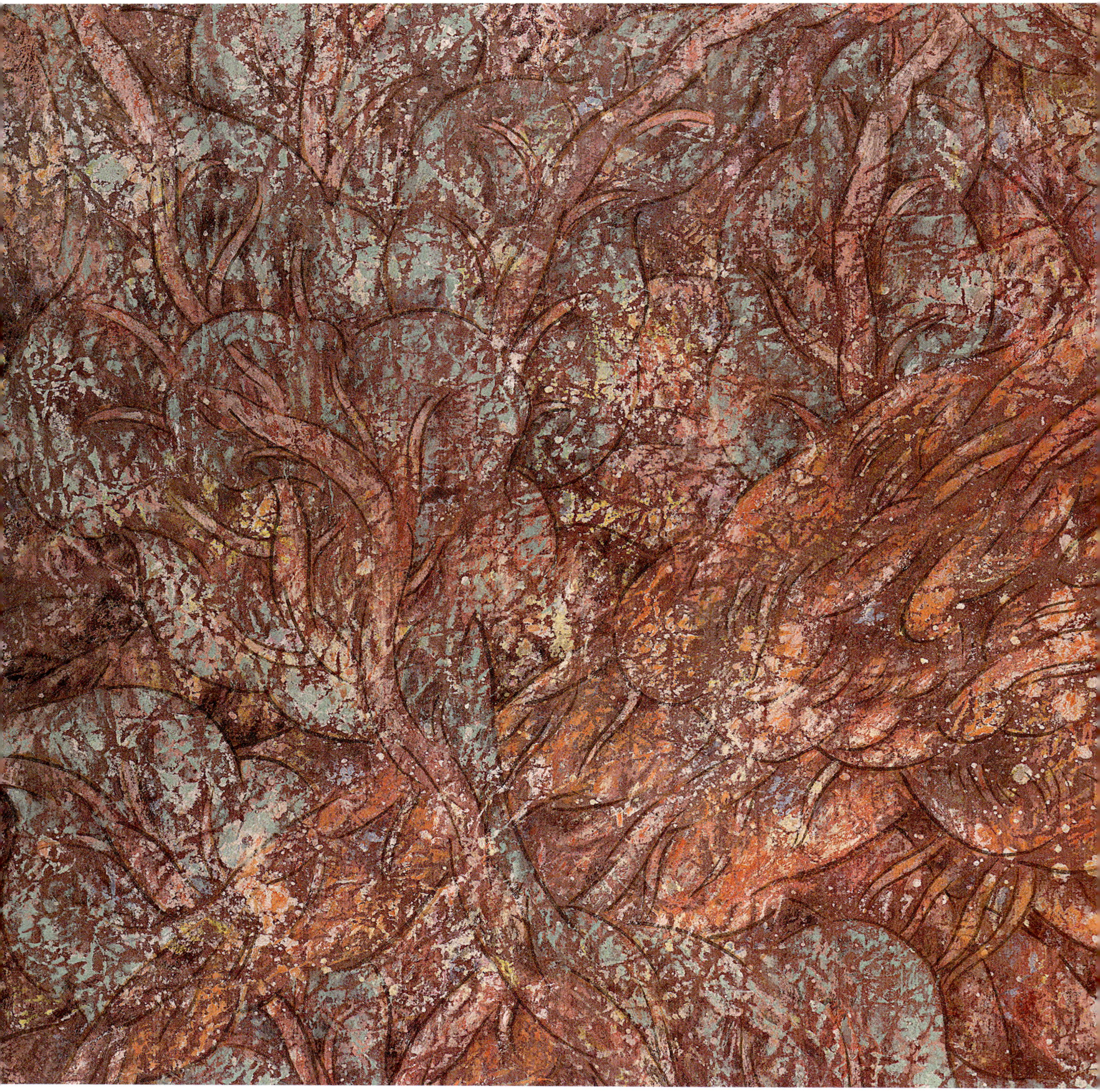

花开有声（局部）

《花开有声》创作中（卿科军摄）

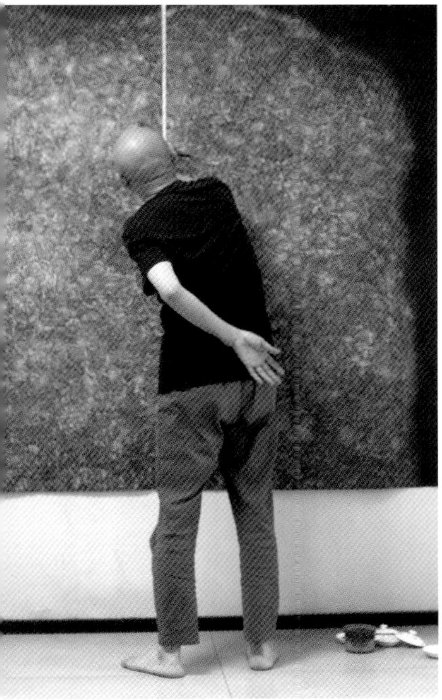

匠心独到

龙王招亲　180cm×2450cm　马赛克　2016

桩巴龙的传说　180cm×2450cm　马赛克　2016

龙王招亲

柾巴龙的传说

龙王招亲（壁画局部）

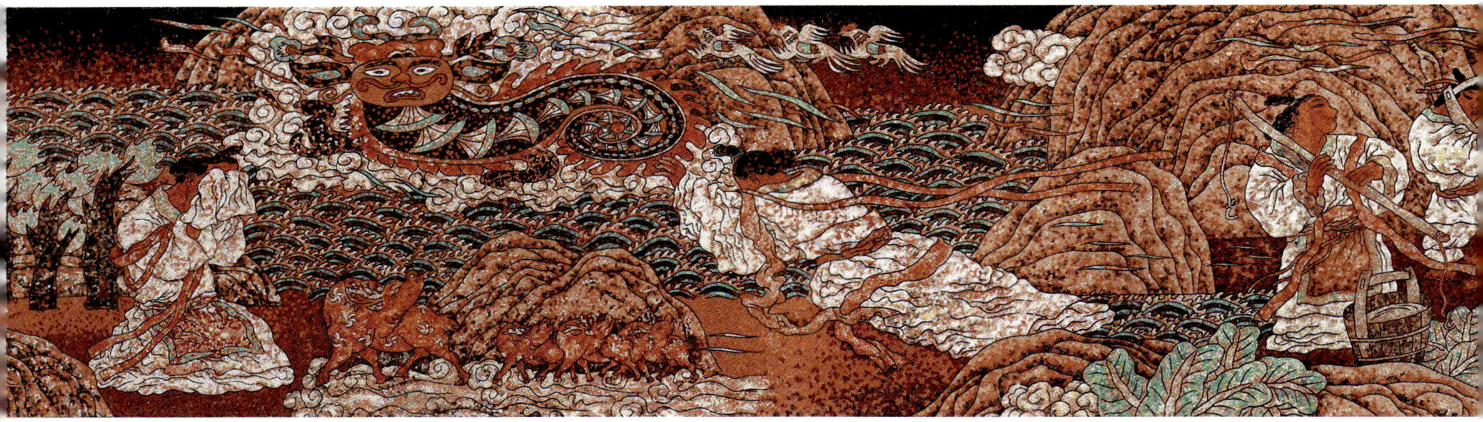

大象无形，道隐无名

——从壁画的视角品读漆跃辉的艺术

文／孙韬（中央美术学院教授、博士研究生导师，中国壁画学会会长）

老子在《道德经》第四十一章对道有这样的描述“大白若辱，大方无隅，大器晚成，大音希声，大象无形，道隐无名”。这里的“大音希声，大象无形”也可以用来形容艺术的最高境界，这境界中没有喧嚣的声音，没有躁动的形色，是蕴含于声音笔墨之后的内敛，是隐于作品之后的入道之境，拥有这种意境的艺术家甚至可以放弃自我，成就“无我”的升华，所以说是“道隐无名”。

以上这些文字，是我第一次品读漆跃辉作品时的感受，因为他的作品太不像当代某些中国画家的无病呻吟，没有喧嚣，没有张扬，甚至仿佛欲将笔墨与造型都隐于岁月的年轮之中。

岁月之痕

宋代以来，一直被中国文人批驳为“匠人之作”的中国壁画，往往用最平实的内容为百姓讲述本生、经变故事；虽留下了许多恢宏的文化遗迹——敦煌壁画、永乐宫壁画等，但作者的名字却被遗忘在历史的长河中，因为真正的“大象”之作，“道隐无名”。

我并没有和漆跃辉沟通过，但我坚信，他的创作灵感一定来源于对中国壁画的感悟。

中国壁画无论是剥落的墙皮，还是千年的灰尘，抑或色彩经岁月的变迁呈现的厚重与和谐，呈现给今天世人的是悠远的历史之美，是沧海桑田的时间之美。这些都在漆跃辉的绘画作品中清晰可见。

我不是很了解中国重彩画的工艺程序，更何况这种被称为“胶矾重彩画”的特殊技法，或许是艺术家漆跃辉的独创，我也不便多问，但从画面看，少不了被有意揉皱的宣纸，少不了反复的叠压覆盖，甚至清洗，再揉皱，再叠压，再清洗……就像追求仿古文物做旧，追寻岁月之沧桑。

如果仅从表象看：这种对古老壁画效果的模仿，是追求墙皮的剥落，是追求斑驳的肌理与时隐时现，是追求色彩的浑然一体，自然天成。但我觉得，漆跃辉选择了这种效果，并

2016年7月，与中国壁画学会会长孙韬合影

用一生去摸索这种一跃千年的技法，更有其形而上的追求。

了解漆跃辉为人的朋友都知道，他是一个特别低调、谦虚的人，这个生活在桃花源所在地常德的艺术家，似乎真带有一种超然无我的出世心态，时代的飞速变迁，生活的压力与节奏似乎都影响不了他的依然故我，正像他的画儿一样，真正是画如其人。

这里可以解答：为什么艺术家漆跃辉在他的胶矾重彩画中找寻受时间侵蚀的壁画效果？仅是为寻找岁月的痕迹？其实更深一层，是在作者的潜意识中，在用作品诠释宇宙尺度的永恒，从而无限接近“大象”的“无形”。他要把造型藏在时间的年轮之后，要把个性表达尽量隐藏，要把色彩反复磨炼，去掉一切不和谐，要让观众感受的是岁月的永恒和沧桑。大千世界，岁月轮回，在宇宙的尺度下，千年的壁画遗迹无非一瞬，万年的人类历史就在昨天。

民美之拙

艺术家漆跃辉出身于科班，艺术生涯中有多次进修受教于许多艺术大家，可他的艺术却偏偏追求一种朴拙之气，追求的是无华的朴拙之美。

我一直好奇他创新的朴拙造型来源何处，却百思不得其解。直到和漆跃辉老师一起组织创作穿紫河桥体壁画时，一次他带我参观了一个民间的桃源木雕博物馆，我豁然开朗。他的艺术形象正是来源于此。桃源木雕夸张且直接的造型，桃源刺绣自由驰骋的想象与平面张扬的表现，对他造型语言的形成应该起到了决定的作用。

在当代壁画创作中，由于需要符合环境和文化的需求，经常要学习当地文化，也包括民间文化。有时甚至是直接“拿来主义”，此类作品不能说是100%的创作，只能称之为“整理设计”。然而，艺术家漆跃辉的造型，却是在学习民间美术造型基础之上的精神升华。他学习皮影，掌握了夸张平面的造型方式，他借用戏剧形象，寻找到形式化的装饰语言，他从桃源刺绣的花鸟造型中体悟了纷乱与秩序，他从桃源木雕中找到了人物、动物、景物在

桩巴龙的传说（壁画局部）

历史人物　汉画像石　山东嘉祥武氏祠

"小空间大世界"的构图技巧。

许多当代艺术家，尤其是创作"新文人画"的中国画艺术家，似乎必须找到一种自我的造型语言，必须找到一种有个性的自我形象，他们或挖空心思，或假装随心所欲，或有意模拟儿童的稚气，一旦找到一个固定的玩世不恭的形象就抱守一生，也许这就是他们的自我吧！

可在漆跃辉的作品中可以看到，他不避讳对中国传统造型的借鉴，不避讳对民间美术的钟爱，他尊重这种千百年来由无数工匠递续而形成的群体文化，在它们的基础上逐渐生成个人的艺术造型语言，并把这种个性化的造型语言小心翼翼隐秘于群体文化之后，这一种"无我"的状态，是成千上万无名壁画家、民间美术艺术家的文化心态，是这些艺术家群体形成新的"无形"的文化"大象"，而其作者却"道隐无名"。

多维与无常

壁画可以表现万千空间，可以跨时空、越千年，所以多变的构图、多维的空间往往是壁画结构的特点。此外，壁画的内容往往又是千变万化，对多维时空的表现手法也没有一定之规，所以可以借用一个词语来形容壁画构图的变化——无常。

不知是否巧合，漆跃辉的架上绘画在构图方面也运用了多维空间的组合，这种组合抛弃了一切理性的约束，放弃一切合理。可当所有的不合理聚集在一起，便形成了不合理的合理，便获得了无限的自由，换句话说：似是无常，实则平常。

作者在《潘家园》系列中将历史和时代叠压，展现了跨越多维时空的自由；反之，在《红椅子》《林中高士》系列中尝试将三维时空二维化，将立体空间扁平化，平面装饰的形

2019年，陪同中央美术学院教授袁运生考察常德大河茶馆博物馆

式语言逐渐生成；在《桃源花开》系列中将桃源的花鸟仿佛封存在不同形状的化石碎片中，似是从远古飘来的盎然的春意，和跨越千年传来的欢快的鸟鸣；更有趣的是，《广场舞》那平摆浮搁的构图方式，完全不符合任何构图法则，却突出了群体的快乐和群体中个体的怡然自得。

艺术家漆跃辉在二维纸面上对多维时空的探索终于在壁画《桃花源记》中发挥得淋漓尽致，我第一次看后真是觉得他无常而平常的构图非常有味，画面两边的秦溪是那样一汪蓝色，就这么从上到下，源远流长；之后从左到右，用时间铺开："林尽水源，便得一山，山有小口，仿佛若有光。便舍船，从口入。初极狭，才通人。复行数十步，豁然开朗。土地平旷，屋舍俨然，有良田、美池、桑竹之属。阡陌交通，鸡犬相闻。其中往来种作，男女衣着，悉如外人。黄发垂髫，并怡然自乐。"漆跃辉像画儿童画一样解读着这些文字，平铺过去，没有逻辑的关系，抛弃结构语言，似是无常章法，其实是最平常的陈述，然而，这平实的陈述其实是最大的无常构图，是"希声"的"大音"，是"无形"的"大象"。

不知是中国壁画界的幸运还是艺术家漆跃辉的幸运，2016年我们相识，中国壁画界有了建设世纪经典常德画墙的机遇，而漆跃辉也找到了更大的舞台，在真正的壁画大墙上纵横驰骋。其实，尺幅不能决定格局的大小，艺术本不分架上、墙上。只有有大格局才有"大象"，而"大象"又永远内敛，从不张扬。

2023年6月于北京

桩巴龙的传说（壁画局部）

龙王招亲　50cm×788cm　纸本重彩　2016

《龙王招亲》

洞庭湖畔的孤儿张小，因嫂嫂的逼迫分家，他带着一头老牛、一件蓑衣和一根竹箫住进牛栏。因吹箫技艺高超，龙王将他招进龙宫为舞女配乐，并将三公主许配给他。一年后，他想回家乡，龙王同意，并送给女儿女婿一个葫芦。上岸后，公主摇了三下葫芦，眼前便出现了瓦房、家具和许多用品。兄弟相认后，张小不计前嫌，给了哥嫂很多财物，但嫂子并不知足，死皮赖脸地索要那个葫芦，三公主非常怨恨地将葫芦给了她。回家后，嫂子迫不及待摇起葫芦，结果不仅烧毁了瓦房，而且连她自己也一起被烧死了。

龙王招亲（局部）

龙王招亲（局部）

中央美术学院孙韬、叶南教授现场指导（左上）
长胜桥壁画制作、安装现场

龙的传说

——常德市穿紫河长胜桥壁画作品

文／漆跃辉

（上图）杀猪　汉画像石　陕西绥德
（中图）六博　汉画像石　陕西绥德四十里铺
（下图）帝桀　汉画像石　山东嘉祥武氏祠

在常德市市区有一条贯穿城市东西的穿紫河，河上有十座桥。根据市委、市政府及有关部门的指示精神，要求对穿紫河风光带进行整体改造升级。从2016年4月开始，由中央美术学院孙韬教授带领中央美院壁画第二工作室的创作团队，对穿紫河的每一座桥的桥下进行整体艺术设计，每一座桥由一位艺术家署名设计美化。长胜桥由我主创设计，共有10幅作品，总面积近1000平方米。除石雕壁画《九龙祈福》是国家开放大学的牛涛老师主创外，其余9幅作品由我主创，张时娇、徐宗建协助我进行了创作与设计。整个壁画的形式由精剪马赛克、筛板马赛克、玻璃钢浮雕、石质浮雕组成。整个桥的创作以常德龙的传说为题材，以民间美术为主要表现形式，将该桥变成了一个龙的艺术天地。

对整座桥的艺术创作分为四个部分：

第一个部分是桥的南北两边人行道上的两幅精剪马赛克壁画，作品是《桩巴龙的传说》和《龙王招亲》，作品以常德石门及洞庭湖民间的龙的传说为题材，先用工笔重彩的表现形式绘制，再用精剪马赛克的壁画形式来呈现，作品具有历史的厚重感和浓厚的楚文化气息。

第二个部分是桥顶壁画，共有三组作品，中顶《祥龙飞天》、南顶《武陵古韵》、北顶《龙翔凤舞》。每一个顶由一幅大画和10多个长条幅组成。画面是以筛板马赛克的形式表现，分别以苗龙、桃源刺绣、民间年画、剪纸的艺术形式表现了古今武陵的祥和景象。中顶《祥龙飞天》的画面以湘西的苗龙为主体，整个画面表现出众多的不同姿态的龙的形象，两边有18个长条幅，有众多敦煌壁画中飞天的形象。南顶《武陵古韵》主体以德山的孤峰塔为主题，两边的白鹤环绕其间，两侧以两条龙横跨，用8条桃源刺绣作品表现古老的常德文化。北顶《龙翔凤舞》则是用民间美术的表现形式，由20个小画面构成，表

现了现代常德玩龙舞龙的情景，并间以龙飞凤舞的图案。

第三个部分是桥的两根横梁上的正反两面有四幅作品。其中航道上的两件浮雕作品为《桩巴龙省亲》《龙腾德山》，这两幅作品采用汉代画像石的表现手法。《桩巴龙省亲》是民间传说“桩巴龙的故事”的延伸。《龙腾德山》的画面是两条巨龙围绕德山的孤峰塔起舞。人行道上的两幅作品是《龙呈吉祥》《龙跃武陵》，均以筛板马赛克为材料，以民间美术的装饰手法来呈现，其色彩十分艳丽。

第四个部分是桥的侧面的大型石雕壁画《九龙祈福》。以九龙为主体，以常德的著名的文化景点孤峰塔、桃花源、武陵阁以及沅江为背景，表现了古今常德的祥和景象。

接到长胜桥的创作任务时，我的心情是比较复杂的。我的绘画作品能以一种壁画的形式和广大观众近距离接触，能够永久地在桥下陈列，作为一个常德的本土画家，是一件非常高兴和自豪的事情。但是在短短的半年时间内要完成这么多的壁画，而且和我一起战斗的团队都是中央美院的教授、全国著名的壁画家，我深感责任重大，其实也有很大的压力。我只有一个心愿，不惜代价尽我最大的努力画好每一件作品，做好每一个设计。长胜桥在整个穿紫河中是不太起眼的一座桥，桥不大，比较矮，桥下结构十分复杂，特别是桥底的结构呈梯形，没有一个角度可以完整地看到整个桥底，无论怎么设计，不可能看到一幅完整的画面。在开始设计的前两个月里，我几乎每一天都会到桥下转悠，琢磨着怎么去构图与构思。最后我采取了每一个侧面设计一幅画面，并

（上图）南顶：武陵古韵（设计稿，漆跃辉、张时娇、徐宗建设计） 1300cm×1570cm 2016
（中图）北顶：龙翔凤舞（设计稿，漆跃辉、张时娇、徐宗建设计） 1300cm×1570cm 2016
（下图）中顶：祥龙飞天（设计稿，漆跃辉、张时娇、徐宗建设计） 1300cm×1570cm 2016

（上图）长胜桥中间水道桥顶壁画效果图
（下左图）2019年1月，与刘秉江老师在常德画墙合影
（下右图）2021年4月，与袁运生老师在常德大河茶馆

将中间槽顶的部分作为一个整体去设计，打破了条状的呆板，整个画面可以"走着瞧"的方式，每一个角度都有画面，让观众去玩味，增强了画面的可读性。在绘制《桩巴龙的传说》和《龙王招亲》时，为了保证这两幅作品的效果，我画了两张6米长卷的工笔重彩作品。创作时，正值8月高温时期，我躲在学院五楼的一间教室里，刚好教学楼整体装修，整栋楼上沙土飞扬，电钻就在我工作室的墙上打眼，打孔机的声音震耳欲聋，我紧闭门窗，闹中取静，日夜奋战。我将矿泉水、干粮带进画室，硬是在两个月的时间里，绘制完成了两幅6米长的工笔重彩画作品，按时完成了任务。市里给我们下达了死命令：航道壁画必须在9月27日以前完成，人行道的壁画必须在10月15日前完成。为了赶任务，作为该项艺术工程的

长胜桥壁画现场全景

艺术总监，我要为整个工程做许多协调和服务工作，要在自己的桥下工地上监督安装及绘制，又要到广州工厂进行艺术品的现场监制，时间十分紧张。在10月长假期间，我两次往返广州，有次买不到机票和火车票，为赶时间我从广州坐了20多个小时的长途汽车才赶回常德。在整个艺术工程的创作中，我们有太多的感动。当作品完成，长胜桥在灯光的照耀下，看到过往的行人在长胜桥的艺术品下驻足，用手抚摸我们的艺术品的时候，我的心中充满了暖意。

桩巴龙的传说　50cm×788cm　纸本重彩　2016

《桩巴龙的传说》

壶瓶山区有一陈姓人家，孤儿寡母，相依为命。儿子因误吞宝珠变成了一条龙，母亲因害怕爱子离去，急切地想让他还原为人形，用扁担打断了龙的尾巴，使它成了一条桩巴龙。儿子不明白母亲为何打他，在汹涌的河水中顺水忍痛逃走，母亲在追赶中气绝身亡。发现母亲死去，桩巴龙悲痛欲绝，最后把母亲葬到自家屋旁，每隔一段时间，便回家祭母。但它每回一次，就要发一次大水。最终，桩巴龙被许真君收服，锁在了葵花井。桩巴龙可怜地问何时才能出来，许真君说须等到五百年后，铁树开花水倒流之时。后来许真君念它一片孝心，允许它每年清明去给母亲上坟，从此就形成了清明时节雨纷纷的节候。

桩巴龙的传说（局部）

桩巴龙的传说（局部）

桃花源记　97cm×975cm　纸本重彩　2017—2019

桃花源记　370cm×3400cm　马赛克　2019—2020

《桃花源记》

壁画以陶渊明的《桃花源记》的故事为线索，以桃花源的山水为背景，以楚文化为气息，以秦汉石刻、桃源木雕、桃源刺绣的元素为形式语言，采用大面积的水包围“桃花源”的构成形式，人物造型纯真拙朴，色彩古朴厚重，创造了一个宁静闲适、悠远古朴、神秘烂漫的人间仙境。

桃花源记（局部）

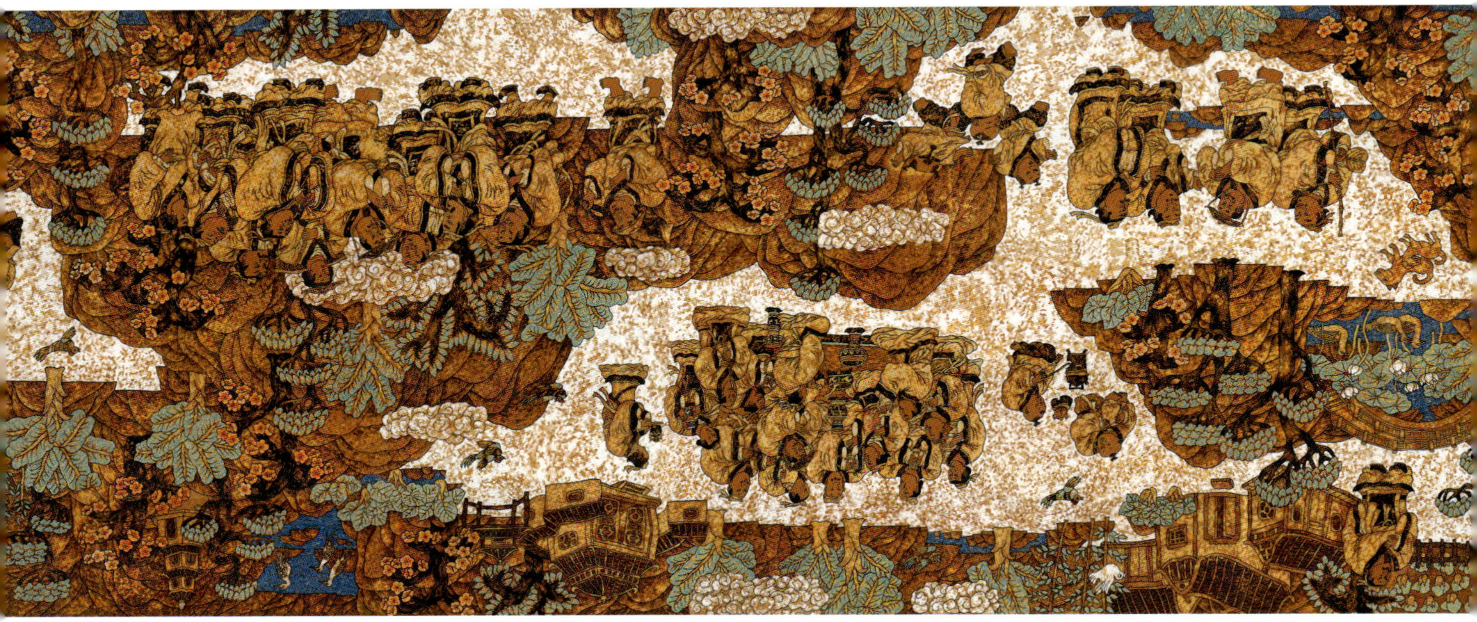

我画《桃花源记》

文／漆跃辉

壁画《桃花源记》从2017年7月开始创作，到2020年8月制作上墙完成。作品稿子经过了5次大的修改，历时3年绘制完成。《桃花源记》的作品由两部分组成，先是画了一件长10米、高0.97米的工笔画作品，然后在工厂以马赛克为材料制作成长34米、高3.7米的壁画作品，10多个技工，用了7个多月的时间，加班加点完成。作品安装在湖南常德画墙上。该壁画作品入选第十三届全国美术作品展，并入选由中国壁画学会主编的《中国壁画百年》大型画册。

人物　汉画像石
陕西绥德四十里铺

一

画一幅长卷《桃花源记》是我20多年前的心愿，早在常德日报社工作的时候，我就想画一幅《桃花源记》的长卷。我住在“桃花源里的城市”常德，陶渊明对自然及农居生活的质朴的爱恋，以其超然世外、平淡冲和的状态，在田园劳动中追求精神的归宿的生活方式深深地感动着我，《桃花源记》中所描绘的纯美的世外桃源更是让我神往。常德画墙的建设给了我一次千载难逢的机会，接到这件作品的创作任务后，我激动不已。我虔诚地、全身心地投入到我的作品创作之中。

我认真学习民间美术、秦汉石刻、古代壁画及现代绘画经典作品，学习桃源民间美术，在其中汲取营养，力争使作品既有传统底蕴又有时代气息。壁画以《桃花源记》的历史故事为题材，以桃源山水为背景，以楚文化为气息，以秦汉石刻、桃源木雕、桃源刺绣的元素为形式语言，努力创造一个悠远、浑厚、拙朴、浪漫的桃源仙境。

壁画将《桃花源记》的故事从左至右以长卷的形式展开，“桃花源”两边以大面积的水包围着。水面左边是渔人留下的一条小船，中间部分是渔人从洞口进入桃花源中“豁然开朗”“鸡犬相闻”“设酒杀鸡作食”的情景。最右面是一个小岛上站着太守、南阳高士及渔人在观望、寻找丢失的“桃花源”，桃花源的中间以石青色的“水”点缀其间。在画面构

桃花源记（壁画局部）

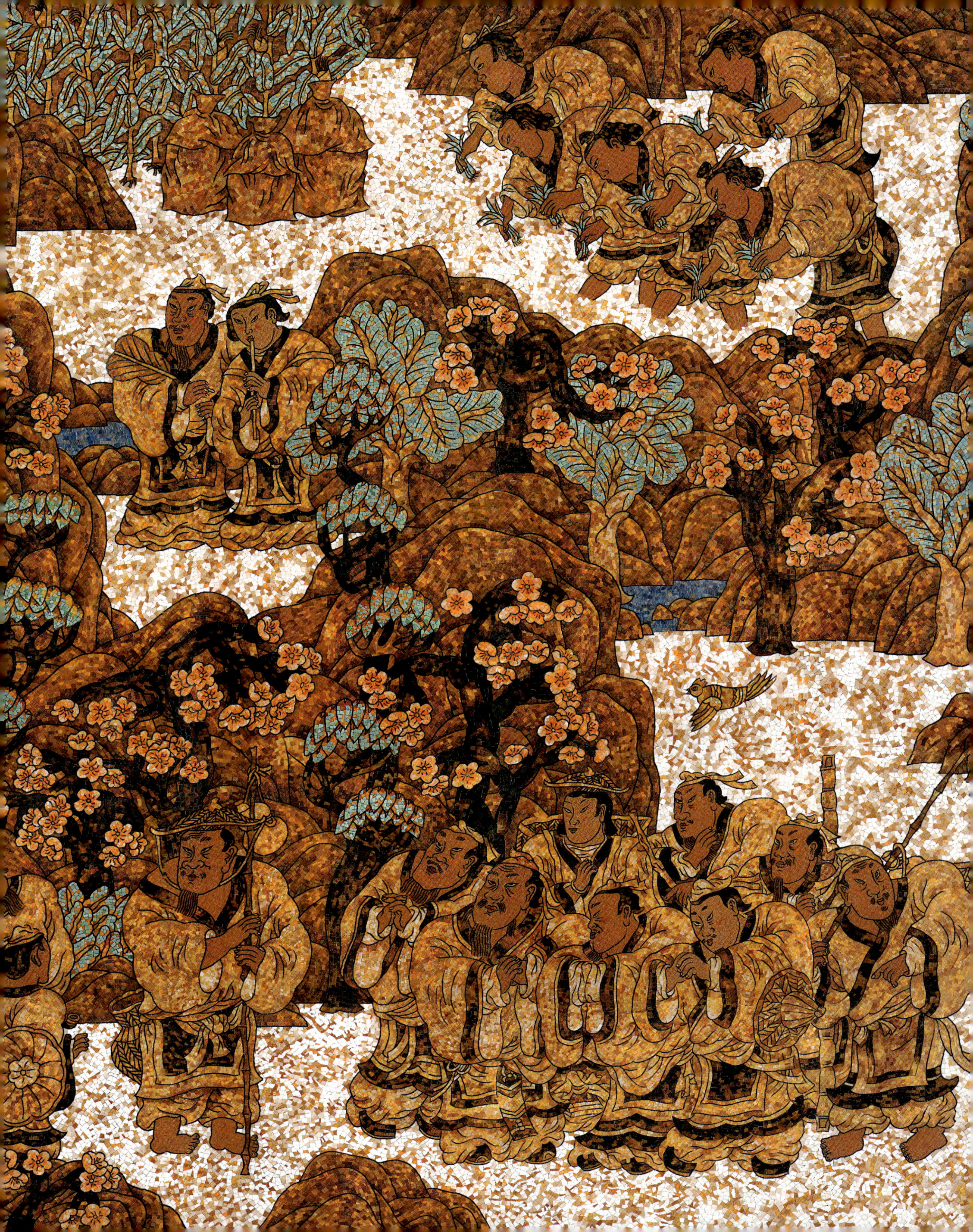

（上图）乐舞　汉画像石　山东苍山县城前村
（下图）观戏　汉画像石　山东苍山县城前村

成上，打破了现实的空间限制，以平面装饰的方式构成。画面上将桃花源中的方竹亭、遇仙桥等景点融入其中。“桃花源”是古今世人永恒的理想追求，期望壁画《桃花源记》能穿越古今，在表现古代桃花源的同时能表现现代人的理想追求。

二

整个画面有70多个人物形象，人物造型在画面中占有重要位置。我首先收集了秦汉石刻、桃源木雕、桃源刺绣，以及古今中外精品图片资料，力争找到自己的造型特色，把握造型的整体气韵及感觉，使作品有楚文化的气息，秦汉石刻及民间美术的神韵，还要有时代气息。

《桃花源记》中的人物造型注重人物外形“平面的剪影效果”，在造型上注意外形上大下小，外形上强化大的弧形，其造型简洁拙朴。外形整体的形象，在单纯的作为背景的白色地面的衬托下而凸显。在大的外形上注重线条的简洁，在局部造型上注重线条的流动及小的变化。在山石树木及桃花的造型上汲取桃源民间美术的营养，使其既古朴又有地域的特色。

为了寻找“秦汉人物”造型的感觉，我画了十多本人物速写，对人物造型进行认真研究与反复推敲。在中央美院对创作草图进行评审时，许多壁画专家对我的人物造型给予了充分的肯定，这给了我很大的鼓舞和信心。

三

壁画创作之前，我一直是在研究工笔重彩画，我的工笔画作品的色彩大多是从古代壁画中寻找感觉，技法上是利用胶矾水改变生宣纸的性能的特点，采用将生宣纸揉皱后

桃花源记（壁画局部）×2

工厂技工的制作现场

在正反两面反复皴擦胶矾水和颜色，从而使画面具有历史的沧桑感，使色彩丰富和厚重。《桃花源记》在画好线描稿后，我用了5张六尺的宣纸，画了一幅长10米的工笔重彩画。

《桃花源记》的色彩处理上注重色块对比，色彩的单纯，强化其装饰性，以适应马赛克这种材质的表现特点。在注重大的色彩统一的同时注重色块之间的对比，在小的色块中注重微妙的色彩变化。整个画面大面积的蓝色块和整个主体形象形成强烈的对比。在画面中将形象分成几个大的色块，人物部分是浅黄色块，地面、云为白色块，山、树为绿色块。画面将一群人作为一个整体来处理，画面形象在色块的对比下相映成趣。

白色是画面中的一个重要的构成形式。空出的地面和云彩是白色的主要组成部分。将白色处理成一种老的白墙的感觉，远看是白色，近看却具有十分丰富的色彩变化，厚重而斑驳，在强化装饰性的同时注重画面的绘画性。

将一幅工笔重彩画变成一幅马赛克材料制作的壁画作品是一次再创作，是重彩画语言向马赛克壁画语言的转换。当把打印好的稿子铺在工厂的地面上后，我便和工厂的技术人员共同商讨马赛克的分割拼贴与制作方法。在制作的开始总是拼命地追求马赛克的制作效果和我的原作一模一样，这其实是不现实也是不合适的。马赛克壁画是一种新的语言形式，在处理好大的色彩关系的基础上充分发挥马赛克的语言特色才会使壁画达到最好的效果。

在工厂制作的3个多月的日子里，天天和技术人员、工人一起研究制作方法。时时把握作品的整体气韵及关系，注重大的整体统一，讲究小的局部变化。在色彩的处理上注重马

在工厂现场指导技工制作壁画

在工厂现场研讨制作工艺

工人在现场安装壁画作品

壁画上墙后现场

2017年，与中国美术家协会主席、中央美术学院院长范迪安，
中央美术学院教务处处长孙韬一行合影

壁画上墙后的现场

（左图）2017年，与中国美术家协会主席范迪安老师在常德合影
（中图）2017年，与中国美术家协会壁画艺委会名誉主任唐小禾在常德合影
（右图）2017年，与中国美术家协会壁画艺委会主任王颖生合影

赛克的整齐排列和画面偶然肌理之间的关系，使马赛克的排列既有规律又有偶然的变化，在色彩的细节处理上充分利用每块料的色差，表现画面中微妙的色彩变化。

常德画墙是一个伟大的工程，我为了不辜负这次创作的机会，为此付出了辛勤的努力。历时3年，数易其稿，在正式画工笔画稿子时，我用了5张八尺的宣纸花了大半年的时间，在作品即将完成时，我发现因纸张的原因没有达到理想的效果，我决然全部重新开始绘制，作品仅重新勾线就用了一个多月时间。在马赛克壁画作品的制作之前，有一道重要的工序，要在长34米、高3.7米的喷墨稿子上用笔分解成1厘米左右的小方块，便于工人按照分割线去剪拼马赛克，这是一项耗时巨大的工作。一般情况下，这些工作是在画家的指导下由工厂技术人员完成。为了更好地表现作品的效果，整个稿子除了少部分由工厂技术人员和助手完成外，大部分都是由我亲自分割完成。我想原稿画面上还有很多的细节处理不到位，通过亲自分解将整个画面的许多细节进行了一次全面修改。我住在工厂3个多月，和工人同吃同住同劳动，虽然有点辛苦，但为能够尽力完成好作品而感到快乐。作品完成后，中国壁画学会会长孙韬老师看了我的壁画作品后在微信中写道："漆主席反复完善创作两年，驻厂创作几乎半年，厂家用了大半年的时间精心雕琢，作品极具艺术家造型语言特点，我认为可称百年不朽。向漆主席致敬，向厂家致敬。"湖南省美术家协会主席朱训德在看到我发的微信朋友圈后，在朋友圈中很少点赞的他写道："好画，好壁画。宏大而又灿烂，是一个有意义的创造！"在作品的整个设计制作过程中，得到了唐小禾、刘秉江、孙景波、孙韬、王颖生、殷双喜等专家的指导和鼓励，也得到了各级领导、厂家和亲友的大力支持。壁画《桃花源记》是大家共同努力的结果。

在创作工笔重彩画作品《桃花源记》

在创作工笔重彩画作品《桃花源记》

心存天下

心存天下　98cm × 340cm　纸本重彩　2021

心存天下（局部）

《心存天下》人物速写

《心存天下》

《心存天下》讲的是远古尧舜时代清明的政治及老百姓安居乐业的神话故事。尧舜时期的“仁心”与“仁政”，归纳起来，有以下三方面：一是仁爱之心，“惟刑之静”。唐尧在神话世界中就是“仁爱”的化身。首先他是一位自奉节俭而自成威仪的君主，尧更关心民间疾苦，汉代《说苑·君道》称：“尧存心于天下，加志于穷民。痛万姓之罹罪，忧众生之不遂（顺适）也。有一民饥，则曰：此我饥之也；有一人寒，则曰：此我寒之也；一民有罪，则曰：此我陷之也。”尧舜时完善了刑法，立有五刑，然而又恩威并施，宣教于民众，使之敬畏法典，对罪犯总是从宽发落。二是民生为本，敬天授时。尧舜相继进一步发展了伏羲、黄帝时代的历法以指导农业为主的生产。三是广开言路，群议举贤。体现于其治政的开明上，他们广开言路，不仅“有进善之旌”“有欲谏之鼓”，更立“诽谤之木”。尧舜时鼓励老百姓把对他们的不满讲出来，来诉者可击鼓以进谏。舜摄政后，也是任人唯贤，禹治水成功后，舜欲让位于禹，禹却力推皋陶、伯益。

我画创世神话《心存天下》

文／漆跃辉

2021年7月，我接到上海中国画院一位年轻老师的电话，上海市政府做了一个“十三五”规划的重大文化项目：“开天辟地——中华创世神话文艺创作与文化传播工程”，计划要在全国邀请100位画家创作100幅以中国神话传说为题材的美术作品，说是专家们在展览画册上看到了我的壁画作品《桃花源记》，想邀请我参与创世神话作品的创作。我十分荣幸有机会参加这样一次重大的美术创作工程，我十分珍惜这次难得的学习和创作的机会。在收到上海中国画院寄来的创作责任书后，我不断地绘制和修改草图及正稿，经过近7个月的努力，一幅长3.4米、高1米的工笔画作品在2022年3月底完成。2022年12月，历时7年的“开天辟地——中华创世神话文艺创作与文化传播工程”在上海市中华艺术宫举办了盛大的成果展，通过严格的评选，76件中华神话传说主题美术创作作品亮相展厅，我的作品名列其中，和广大观众见面。

在我接到创作通知时，组委会在上海中国画院施大畏院长等人的倡导和组织下，5年前就开始策划和实施这个重大的文化工程，已经在全国邀请了冯远、唐勇力、田黎明、陈钰铭等艺术家完成了61件作品，其中有中国画、油画、版画、雕塑、漆画等。当我得知和众多知名画家一道参与这项伟大的创作工程时，我很兴奋，同时也感到了很大的压力和身上的责任。作为第二期创作的作者，我在组委会提供的30个题材中选择了神话传说《心存天下》。《心存天下》讲的是远古尧舜时代“仁心”与“仁政”的清明政治及老百姓安居乐业的神话传说。

我认真学习和研读《心存天下》的有关文稿及历史资料，在画这个题材时，我力争在讲好中国传统文化故事的同时，注意不是简单地陈述神话故事，而是期望在创意和形式上有新的追求，力争艺术地去表现远古的历史文化。我在作品整体的气韵上，将其定位为表现远古中华的文明之光，沧桑而灿烂，使作品深沉而拙

《心存天下》人物速写

（上图）心存天下（草图第一稿）　90cm×40cm×3　纸本设色　2021
（下图）心存天下（草图第二稿）　90cm×40cm×3　纸本设色　2021

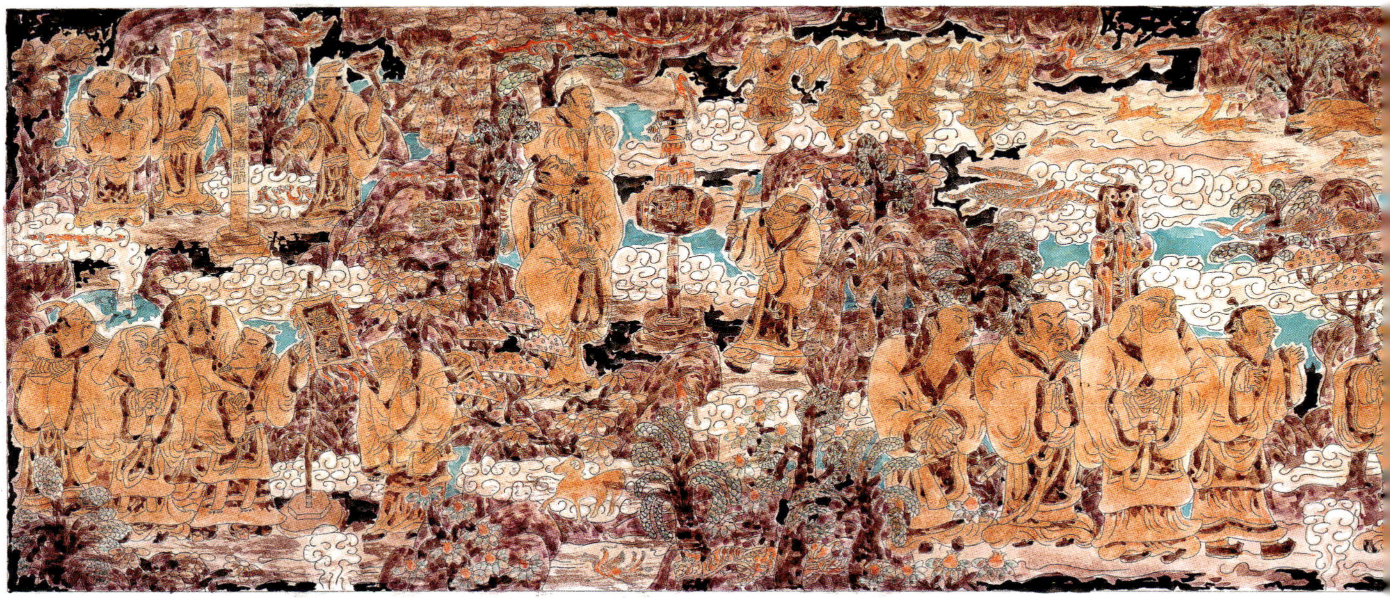

心存天下（草图第三稿） 34cm×125cm 纸本设色 2021

朴，神秘而浪漫，混沌而厚重。

中国远古尧舜时代政治清明，无为而治，人与自然的和谐，成为老庄哲人及后世所追求的一个理想的时代。画面中的一切形式都是为了呈现这种强烈的感觉和意蕴。

在我首先设计的众多草图中，我选择了两张草图寄给上海的评委，草图画面呈长方形，希望在有限的画面长度上向上延展，以表现出远古尧舜时代的宏伟画卷，后面在评委专家的建议下，将草图改成了横幅的长卷形式，画面感觉更舒展。

我将画面分为三部分：一是仁爱之心，“惟刑之静”；二是民生为本，敬天授时；三是广开言路，群议举贤。将不同时代的尧舜在画面上反复出现，有一定的故事情节的叙述性。在构成上打破时空的限制，没有上下，不分天地，将大量的白色的云、蓝色的水、黑色的天空穿插在整个画面之中。许多地方画了飞禽走兽，人兽混杂、鸟语花香，突出神话传说的神秘、和谐而浪漫的感觉。

我在人物的造型上，强化个性与特色。我查阅了大量资料，对每一个人物造型在外形、服饰、线条及人物的情趣与感觉方面进行多方位研究和探索，研究秦汉石刻及民间美术的造型，为此画了大量的人物造型速写，寻找到一种个性强烈、感觉到位的人物形象。在线条的处理上，我尽量注意线条随着画面的虚实变化而变化，有许多线条完全虚掉，让线条融进画面中去。

对于色彩的处理，我在草图上进行了很多次探索与实验，最后选择了整体色彩以北魏壁画的色彩为主要参照，画面注意整体，尽量追求单纯，而在局部细节上注重色彩的丰富与变化。整个画面以深赭色为主调，强化人物的黄色块和云的白色块，再间以石青、石绿、朱磦。在色彩制作时，我一般在生宣纸上将纸揉皱，再用胶矾水和颜色反复皴擦，并使石色在画面中呈现斑驳的时隐时现的“光芒”，表现一种有历史厚度的灿烂。画面中大面积的色彩丰富的斑驳的“不平”，与小面积的色彩（如面部、地面等）的“平”形成强烈的对比。

感谢上海中国画院给了我这么一次创作和学习的机会，感谢组委会的评委们对我的信任和支持，在每一次的草图或正稿的评审中，评委们总是尊重和保护着艺术家的个性，在把握大方向的基础上，对艺术家持开放和包容的态度，给艺术家更多的自由和发挥的空间，在评审的过程中给予我很多鼓励。评委的宽容与大度给了我更大的动力，同时也感受到压力，在有限的时间内，我尽了最大的努力去创作这件作品，虽然还有很多不尽如人意的地方，但这次创作使我收获很多。在我的作品寄到上海中国画院后，上海方面组织专家进行了一次评审，上海中国画院的一位老师告诉我，我的《心存天下》在第二批作品的评选时，“是唯一的一件全票通过的一等作品”，我真的很高兴，这件作品漫长的创作过程在我的人生中留下了一段快乐而幸福的时光。

《心存天下》线描草图（第三稿）（局部）

在工作室创作绘制《心存天下》

122 . 心存天下（局部）

心存天下（局部）

古声回荡·呓　50cm×50cm　纸本重彩　2022

古声回荡·游　50cm×50cm　纸本重彩　2022

古声回荡·揖　50cm×50cm　纸本重彩　2022

古声回荡·望　50cm×50cm　纸本重彩　2022

古声回荡·梦　50cm×50cm　纸本重彩　2022

古声回荡·悟　50cm×50cm　纸本重彩　2022

古声回荡·花　50cm×50cm　纸本重彩　2022

（上图）古声回荡·道 50cm×50cm 纸本重彩 2022
（中图）古声回荡·光 50cm×50cm 纸本重彩 2022
（下图）古声回荡·静 50cm×50cm 纸本重彩 2022

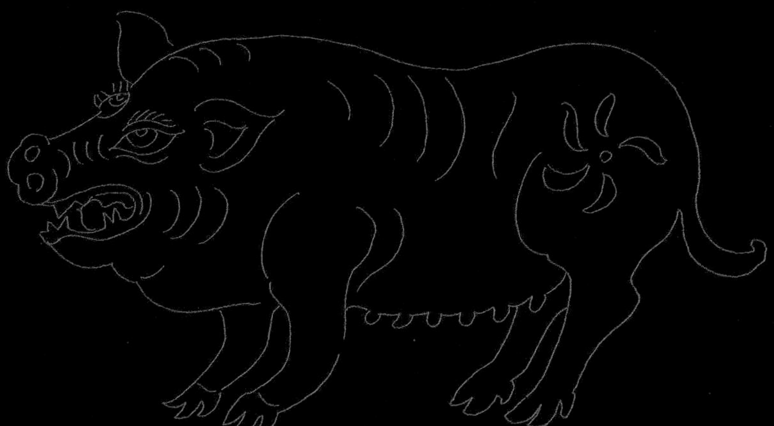

精华云梦

136 . 红色·梦 200cm×200cm 纸本重彩 2014

红色·梦（局部）×2

红色·梦（局部）×2

(上图) 石头歌　68cm×80cm　纸本淡彩　1999
(下图) 哭嫁　68cm×75cm　纸本淡彩　1989

时间的哲学

——论漆跃辉的绘画艺术

文／梁光焰（湖南文理学院美术学院院长、教授、博士研究生导师）

走进博物馆，看见展台上斑驳陆离的青铜钟鼎时，我们总会震撼于那狞厉的线条、厚重拙朴的造型，以及它穿越历史带来的残缺与倦怠之美；或者，在宗教洞窟里，端庄威仪的造型渗透出神圣肃穆气氛，先前厚重均匀的敷彩被极端氧化，黢黑如古潭顽石之沉淀，浅淡似春溪倒影之摇曳，人工鲜艳明快的色调被历史洗涤，形象与色彩如沉积岩一般坚硬，直抵内心深处，让你立刻想起历史、精神、沧桑、生存、悲剧等极具精神性的词汇。

之所以能引起我们如此的心灵震荡，其奥秘在于那些艰难残存的形体，让我们看到了时间的光辉。我们常说时间是无情的，那是因为它善于摧毁一切昙花一现的表象：高楼会坍塌，肉体会死亡，钢铁会腐烂。我们也常说时间是永恒的，那是因为它可以凸显那些值得人类记忆的东西：生命在大地上的劳绩，人类生生不息的创造，值得讴歌的友谊与爱情，等等。时间就是历史，历史是人的历史，如果没有人，空茫茫的宇宙是没有历史的。也就是说，时间是人类精神历史的存在形式，是我们反观自身、追寻永恒的瞭望塔。

作为一个艺术家，漆跃辉沉溺于自然、宇宙和人类生命精神的沉思，数十年来，他坚持不懈地探索，最终敏锐地捕捉到了“时间”这一准确的最具表现力的手段。所以，他的绘画钟情于表现抽象的“时间”，通过其独创的绘画语言，让人在画面中感受到时间的利刃在流逝过程中缓缓切割的痛苦，让每一个在他画前驻足的人沉浸其中，获得与自我精神和人类精神共鸣交流的机会，在时间的磨砺中，去领会生命的真谛。

这样看来，漆跃辉有两种身份：就绘画的形式来说，他是艺术家，他画工笔，绘重彩，风格独特，渐入佳境；就绘画的内容来说，他是哲学家，他追求表现生命的价值和意义，兼具哲学家的敏锐。所不同的是，哲学家的工具是语言和逻辑，而漆跃辉擅长的是形象和色彩，他的画因此就有了哲学的力量，成为另一种形式的“时间”哲学。

一、表现时间的张力

时间是抽象的，在一般人的眼里，它就是太阳的东升西落，季节的冬去春来，在哲学家和艺术家的眼里，它就是物质和生命的存在形式，就是过去、现在和未来的对立与矛盾。唐代诗人张若虚在《春江花月夜》中写道“江畔何人初见月，江月何年初照人”，表面看他是在追问谁最先在江边看见月亮，月亮最早又是在什么时候照亮人间，实际上是把人的历史与自然宇宙的历史并置，让没有起点的永恒的宇宙历史照亮短促微小的人类文明历程，在永恒与短暂的对比中显示人类精神生活的渺小与易逝，带有深沉的悲剧感。

漆跃辉的绘画艺术也是如此，虽然他没像张若虚那样，在自然宇宙和整个人类生活的高度上，把永恒的自然和短暂的人类相对比，传达“万物皆空”宇宙观，但他也像张若虚那样，注重时间的内在矛盾性，在人类历史广阔领域内，通过人类过去活动和现在生活所呈现出的时间张力，去显现人类历史的本质，以此激起人们对自身命运的悲悯与深思。最典型的要算他的《天地悠悠》和《潘家园印象》，这两幅绘画是他自己较为满意的作品。

《天地悠悠》的题目显然取自陈子昂《登幽州台歌》“前不见古人，后不见来者。念天地之悠悠，独怆然而涕下”的诗句。陈子昂站在宇宙历史的高度来俯瞰人生，面对苍茫浩瀚的宇宙乾坤，领悟出岁月易逝，人生碌碌如草芥的真理，油然而生的一种孤独感。漆跃辉借用此题并非要表达与陈子昂同样的感受，而是要把“天地悠悠”那种难以把握的时间作为对象，做一次精神上的探险。

《天地悠悠》主体形象有两类：一类是现代人，他们穿着时尚的夹克，有的戴着眼镜，有的背着旅行包，有的留着短发，在惊恐地扫视周围或者专注地查看什么。另一类形象主体是鞍辔齐全的马匹，有的驮着物件，有的拉着行车，还有凤凰、龙和麒麟以及武士等，是中华传统元素的集合。这类造型远没有第一类写实生动，生硬稚拙，呈剪影效果的灵感显然来自皮影。两类形象浑然一体，是现代与过去两个时间点的隐喻，在现代与过去的张力中，表现了三层主题。第一层，就绘画中现代人的视角来看，他们拿着相机拍照留存，专注的神情里似乎在唏嘘感叹天地浩渺，一切终将消逝，成为剪影。第二层，从欣赏主体来看，那些感叹于皮影的现代又何尝不是时间的过客，一切终将被时间清洗，成为后来人凭吊追忆的对象。就像卞之琳《断章》诗所说的“你站在桥上看风景，看风景的人在楼上看你”。第三层，就这群现代人装扮来看，他们是一群知识分子或艺术家，有的人还在拿着相机拍照留存，这种身份也是隐喻，从皮影形象到知识分子形象，艺术家似乎在告知人类，唯一能够用来对抗时间的，只有人类的精神生活和人类创造的知识文化。

《潘家园印象》在构思上与《天地悠悠》如出一辙，可以看出艺术家对该类主题的执着追求。潘家园是北京的旧货市场，里面聚集着大量的古玩旧货、工艺品、收藏品、装饰

织　68cm×80cm　纸本淡彩　1998

品等，往来其中的有投机者，也有文化学者。艺术家同样站在时间的制高点上，把中外现代人和代表传统文化的文物、艺术品汇聚一堂，形成一种内在张力，引发人们关于时间历史和精神文化的思考。与《天地悠悠》不同的是，皮影换成了年画，画面主体以两张民间年画和石柱为主要元素，视觉效果更加强烈，象征意义浓厚。

除了以对比手法表现时间内在张力，进而引发人们思考外，漆跃辉的作品更多的是直接对典型的具有代表性的传统文化元素进行塑造，并冠以《消逝的风景》之名。从题目可以看出他的情感判断：既然是"风景"，就是那些值得民族延续文化记忆的东西，或者对民族性格产生过深刻影响，打下烙印的东西；既然是"消逝"，就是那些有价值的东西正在承受时间侵蚀，而最终烟消云散。这类绘画作者取消了画面中现代人的身份，应用通过画题"远逝"进行提示，引导欣赏者以当下时间为出发点，与绘画中形象构成紧张关系，去思考人类生命的价值问题。这一系列绘画有"笛声""红椅子""梦"等。比如《远逝的风景·红椅子》，朱漆栏杆雕龙画凤，高椅宽床，精描细刻，女主人端坐于红椅之上，双眼散漫地看着前方，似乎在漫不经心地倾听自己刚刚吹出的，正在一点点消逝的丝丝笛音。整个画面传达出悲伤、哀怨、凄凉的情愫，不禁使人想起《红楼梦》中《好了歌注》开始的两句："陋室空堂，当年笏满床；衰草枯杨，曾为歌舞场。"

只有感受时间的消逝，人才会品味到生命的意义，才能主动追寻人类的生存价值，寻找生命中永恒不朽的东西。漆跃辉是一个捕捉时间的高手，他善于通过现代与过去之间

栓栏　100cm×80cm　纸本重彩　2001

的张力矛盾，把艺术欣赏者诱导到他所布置的艺术罗网之中。

二、捕捉最具历史感的形象

以上谈的是漆跃辉绘画主题的实现问题，他以自己独特的方式，把时间带给欣赏者，进而激发欣赏者去感受生命、宇宙的存在方式。但这只是他的绘画逻辑，逻辑是隐含的，不可见的，而绘画艺术毕竟是视觉艺术，要通过形象呈现出来。现在面临的问题是，艺术家怎样把虚无抽象的时间转化为独创性形象，直接呈现于欣赏者感官之中。对此，我们可以从形象与色彩两个方面来讨论。

有独立思考精神的艺术家，必定要突破前人，创造属于自己的形象体系，因为前人的形象是用来表达前人的审美意识，它并不能适合自己的个性。没有自己的形象，就意味着绘画仅仅停留于技法模仿，处于缺乏自我的技术训练阶段，并不能称之为艺术创造。20世纪初期的现代艺术之所以要突破古典形象，就是为了表达现代审美意识的需要。康定斯基用绘画来表达音乐，毕加索用绘画去表达他所理解的“立体”，他们都创制出自己的形象体系。当代中国的方力钧、王广义等都是以独创的形象去表现我意识，而被艺术界所认可。

漆跃辉的绘画形象大可以从两个方面来讨论，一是主体人物形象，二是辅助构成形象，两种形象共同组合而成一个总体形象，即其独具个性的“时间形象”。

就主体人物形象来说，他多取自最具中国传统文化魅力的形象：高士、孔子、老子、庄子、京剧演员、宫女等，这基本代表中国传统文化性质，是一个文化形象序列，由此可见漆跃辉对中国传统文化精髓的领略。高士代表着中国民间精神信仰，有着“不事王侯，高尚其事”的风骨，孔子、老子、庄子是中国儒、道文化源头，其重要地位自不待言，京剧是中国古代北方文化的艺术形式，宫女是王宫贵族女性文化群体的象征。这一个形象序列，几乎囊括了从民间意识到官方文化，从男权思想到女性生存，从哲学到艺术的诸种传统文化形象。这些形象属于古老中国最具文化场、信息最丰富的形象，它本身带着五千年古老中国文明的胎记，相对中国人来说，是最能表达传统、过去、时间等观念的形象。

山那边有朵红色的云　120cm×60cm×3　纸本重彩　1999

天籁　80cm×68cm　纸本淡彩　1999

寻觅　48cm×90cm　绢本淡彩　1990

比如《远逝的风景·笛声》《远逝的梦》《远逝的风景·红椅子》中女性形象，她们的衣着、形态、脸型等都蕴含着特定的时代信息。《远逝的梦》中女性的抹胸着装、乐器、丰腴的肌肤、高鼻细眼的化妆等，一望便知是盛唐时代。大唐是中国人最美的梦境，经济发达，国力强盛，思想多元开放，诗歌、绘画艺术繁荣，然而这一切都是遥远的记忆，成为逝去的风景。这些女性形象成为时间的标志性形象，能够唤醒中国人最深刻的记忆。还是《高士图》中的高士，高士形象也是中国文化特有的，在汉代以前称为狂人，汉后称为逸民，唐代称为高士。主要指那些不与主流政治合作，以彰显自己志气节操的人。因而高士的形象具有撼人心魄的力量，它属于历史，更属于文化，是特定历史时期内中国人社会心理和道德品德的活化石，把这一形象塑造出来，本身就很具有历史感。

辅助构成形象当然也是具有代表性的中国元素，比如皮影、年画、传统家具、牡丹、菊花、云纹等，与人物形象浑然一体，相得益彰，共同构成了一个历史文化形象总体。需要说明的是，这些形象都或多或少是注入艺术家主观成分，通过特殊技法处理而创造的。拿《高士图》来说，除了高士形象以外，他在画中加入了好像是古朽老木、风化残石、气流旋柱等形象，这些是漆跃辉绘画的独特语言，它们来自中国哲学。在道家哲学看来，人的原

2014年，与张道兴老师在画前留影

始本性是淳朴纯真的，人必须去除后天的文化学习，回到原始状态，才合乎道的本性，道家因而称道那些未加人工修饰的自然之美，如朽木、虬枝、山石等。“气”也是漆跃辉绘画艺术常用元素，同样来自中国古代哲学，是儒家哲学和道家哲学重要范畴之一，意思大致是指自然宇宙的创造力和生命力。不过，漆跃辉在应用中，形态多有变化，比如《高士图》中的“气”呈柱状，《三子图》呈云纹状，有时又与人物的衣服褶皱混合，叠加成奇怪深沟，像是坚硬的核桃壳，也像是风蚀千年的悬崖，一片氤氲雾霭，古老、久远、神秘等气息扑面而来。

形象离不开色彩，漆跃辉绘画色彩来自青铜的腐蚀剥离和敦煌壁画的彩绘、彩塑。它们都是时间的见证，历史的记忆，对于喜爱思考、关注人类历史和命运的艺术家来说，当然具有特别的意义。漆跃辉痴迷中国古代壁画及石窟雕塑艺术，他在《我话我画》中说：“看到石头或墙脚的一块斑痕，常常使我激动不已，时间是最伟大的艺术家，它经历了数千年的历史沧桑，有许多说不清道不尽的故事让你回味。”在他的画中或多或少有着敦煌壁画艺术的影子。“那些斑驳的纹理和色彩是我的作品的一种形式，也应该是作品的内容。”形式即内容，按照克莱夫·贝尔的话说，“艺术是有意味的形式”，这种具有历史感的色彩，它本身构成了内容的一部分，成为时间的象征符号。

这种具有时间指向意义的色彩与中国传统文化形象结合，构成漆跃辉绘画的总体形象，形成了一种像本雅明在《机械复制时代的艺术作品》中所说的

小背篓　80cm×58cm　纸本淡彩　1997

他悄然离去　96cm×195cm　纸本淡彩　1991

"光韵"，让人产生一种在一定距离之外，但在感觉上又如此贴近的奇特反应。这"光韵"效果的制造者就是时间，是那些昭示着时间、能够穿透历史、具有历史感的形象，两者是统一的。

三、结语

我们当然不能说漆跃辉的绘画是百分之百的完美，虽然他找到了自己的风格形式，但艺无止境。比如《三子图》中的老子、庄子和孔子，三个人的特征并不明显，如果不看画面的文字提示，可能很难辨认出他们各自独特的身份。因此，怎样去理解人物，找到能够表现人物思想内涵和精神特征的细节，传达出他们的气质，进而形成一套把握人物内在特征的笔墨体系，可能是他今后着力的方向。如果在这方面有所突破，他笔下的古代宫女、高士会自成体系，成为他绘画艺术的独特语言。但瑕不掩瑜，他已开拓出自己的艺术之途，相信他会在这条康庄大道上越走越远。

（原载《美术》2016年第10期）

远逝　200cm×200cm　绢本淡彩　2011

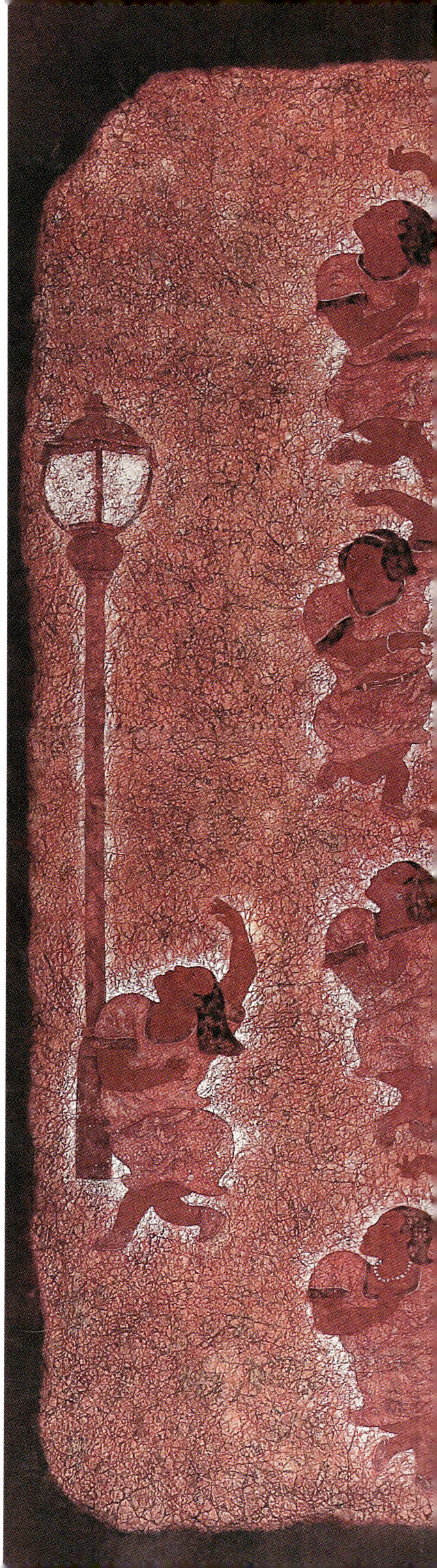

152 . 广场舞 197cm×197cm 纸本重彩 2019

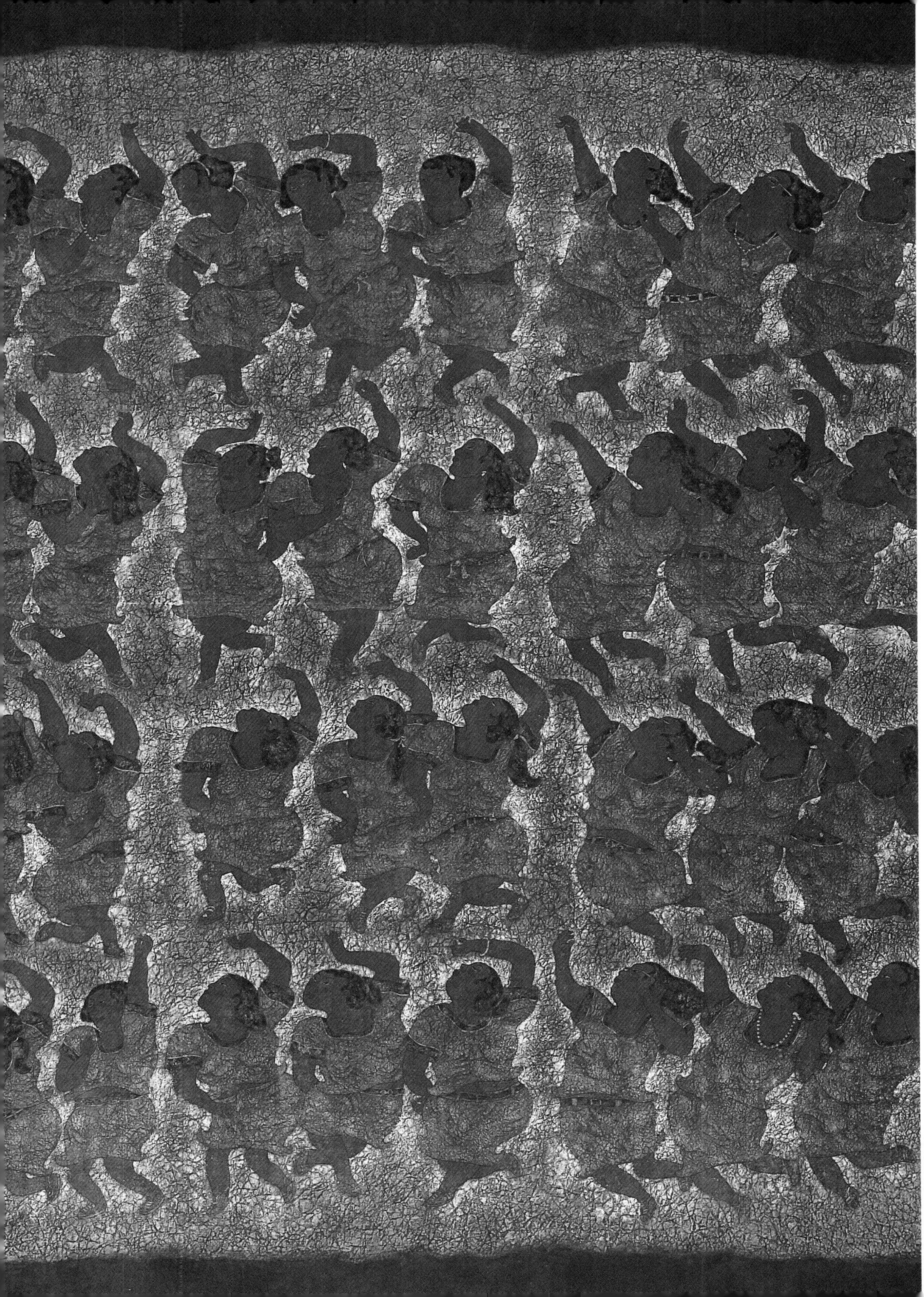

154 . 城市·走之一 40cm×40cm 纸本重彩 2014

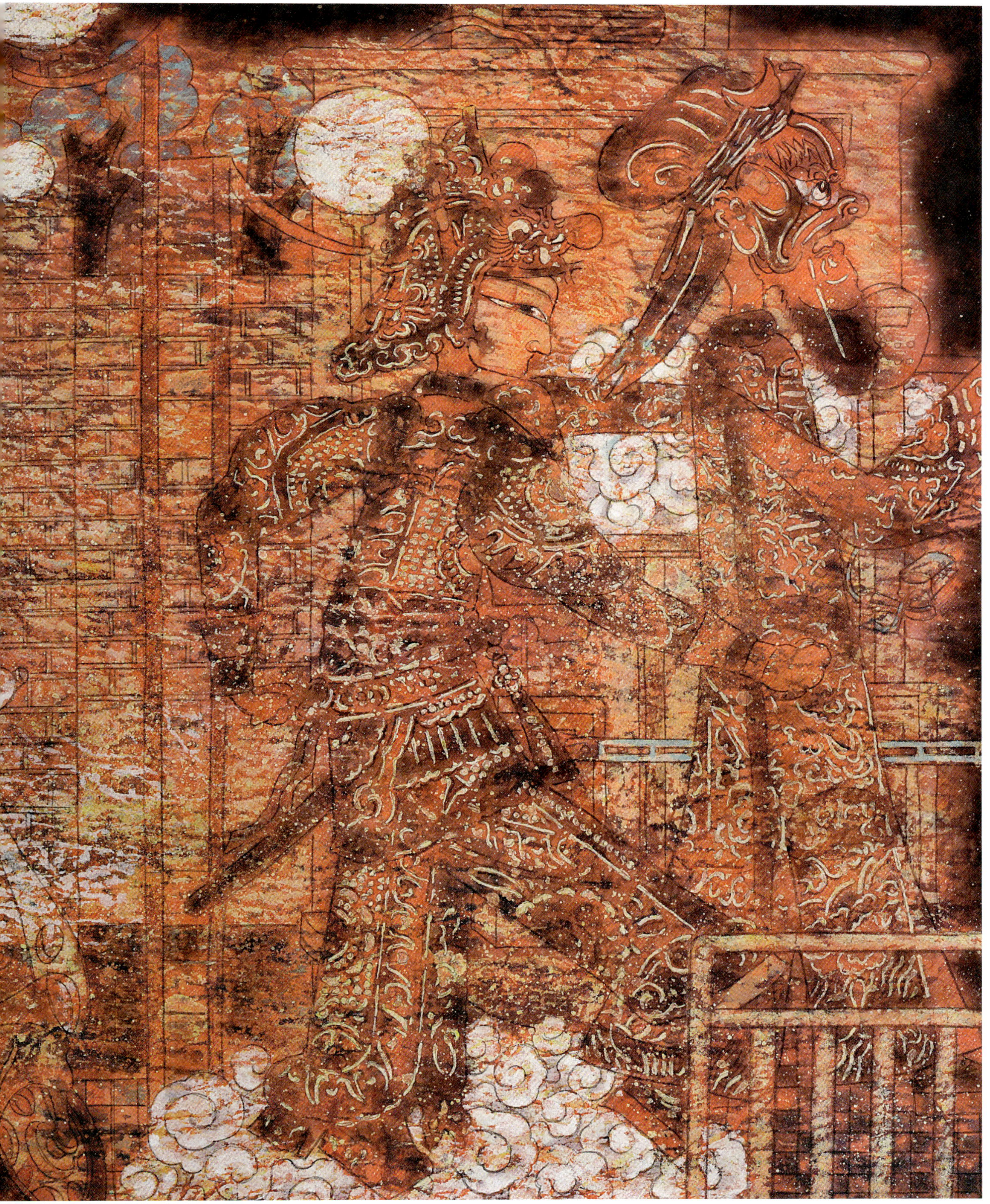

156 . 城市·走之二 40cm×40cm 纸本重彩 2014

158 . 城市 · 走之三 40cm×40cm 纸本重彩 2014

城市 · 走之四　40cm × 40cm　纸本重彩　2014

城市·走之五　40cm×40cm　纸本重彩　2014

妙契无言

漆跃辉重彩人物画

文／陈子游

前几日，从敦煌回来，脑袋中满满的是关于敦煌的印象，好像什么图像都可以把它想象成敦煌壁画的模样。这不，当看到好友漆跃辉的作品《远逝的风景·敦煌》时，就感觉恍惚起来。因为此作品画得非常精妙，比敦煌壁画中的图还要细致，他把人带回了远古的时空里，或许，这就是他的高明之处。当然，他不只是画敦煌印象，但即使画其他题材也有壁画的味道，喜欢这样来表现。他说，这才是古法，铺好画底子才开始进入画画。比如《云语》系列，共有六幅，斗方规格，方形结构，其中的人物取自唐宋以来的仕女，却又有些像明代小说里的那些装扮，但呈现画面时，斑驳感很明显，相当于敦煌壁画的现实临摹，铺设在纸上，突出了一种朦胧世界里的生活。这里面的人物、云水、花卉、山石集合为一体，用色也很讲究，用来协调人物彼此的关系。画面以平面造型来描绘，画面里可以是一个人，或两个人，或三个人，像是在等待谁召唤一般，有点故事状态，画面里的人物也有点"傻乎乎"的，这或许是一种本事。此画面的笔法细致，慢悠悠出手而得，整体感觉很自在，有浪漫的气质。比如《云语之三》画面里还夹杂着京剧人物在其中，这样泼施工写的画法，在其他画家的作品里很少见到。我想，漆跃辉有别于其他画家，在创作上有一种另类感，其源头恐怕离不开楚文化中的一些巫元素，陌生感在画面中起了作用。这种神秘的氛围与状态，本身并没有什么不妥，这样的选择，也凸显出艺术家漆跃辉与生活、与地域文化之间的必然联系。三湘大地，长期以来保存着非常多的远古文化，比如巫术、傩文化，还有许多民间的艺术手法。在当代人看来，这些都是非常久远的、不可触摸的一些神性的元素，这恰恰是中国文化里传统中根性所在，既不可言说，也不容易推广。这些内容又与敦煌的壁画相比，既有关又无关，敦煌主要是佛教文化，其中融合了许多不可分割的远古的文化精神，这也成为漆跃辉绘画创作的主要探索方向。

从题材上看，漆跃辉为我们展示了他绘画内容宽阔的一面，技法或者手段变化多样，当然，最主要是人物画，而且是以重彩材料及其他综合材料为主体，类似魔幻现实主义和魔

远古京腔之一 197cm×197cm 纸本重彩 2004

幻古典主义两大类别，我是这么看的。比如，刚才提到的敦煌壁画是他绘画中的养料，也是一种已经明显的取向，还体现在《武陵戏韵》系列作品中。该系列作品是以辰州古戏曲的原貌来表现，增添了当地神秘文化的那种调调。那些戏曲中的装扮，实质上非常土味儿，这些形象的组合，更接近民间艺术中的形象，尤其像门神。以这样的造型方式来进行再加工，使得画面的层次颇为丰富，以重彩来还原画面的厚实感。

作品《远古京腔》也颇有意趣。在戏曲里，京腔的纯正，大家最认可，其韵出之昆曲，

166 . 远古京腔之二 194cm×97cm 纸本重彩 2005

（左上图）2008年4月，在中国艺术研究院访学时与苏百钧老师合影
（左下图）2008年6月，在中国艺术研究院与潘缨老师合影
（右图）2008年，与导师蒋采苹合影

昆曲生于元代杂剧，凡此种种，又可以往上追到《诗经》《楚辞》等。漆跃辉的这幅画，让人感觉繁复的色彩里，隐约能读到哪些是老生，哪些是旦角，能体会到戏装女人那婉转与悠扬的戏腔，脸谱的色与形呈现出角色美，与戏台上的印象如一。只是，一位或者几位老生同时现身的时刻能身形相遇，甚是难得，这也使得画面的构图，由眼神、身形成就细腻，还原戏台上姿态的活泼与丰富色彩之间的形式感，突出了戏画的那份韵味，那些花脸、白脸以及其他的脸型皆有特征。

又如《三子图》，此幅描绘的内容是老子、孔子、庄子这三位远古文化圣人形象，在此排列就绪，那些背景的配饰突出了主体人物，这也是中国文化常见的题材。画家在此创造的形象与版画、壁画里的那些形象截然不同，画面中的云朵穿梭，在画面的各处错让，整体上的变化成为一种主调，那些绿色、黄色、白色、黑色，斑斑驳驳的画质有沉重感，是与主题相吻合的。

以上这些画作，我认为题材各有特色，也有共同的特点。画家注重古典的内容和当代意识的交织表现，这是属于当下的一种绘画手法体验。另外，我们还能看到漆跃辉对于传统艺术表现手法的沉迷，他不断描绘着，在造型和施染里得到乐趣，乐此不疲。就像作品《古意春秋》系列，在人物表现上，选用的是勾勒和施染相结合的方法，在主体人物的造型上，有一种精妙的结构，语言表述上的细致，留白很舒服，这种留白与人物之间的关系，

（左图）壁画临摹　50cm × 30cm　纸本重彩　2007
（右图）壁画临摹　50cm × 40cm　纸本重彩　2001

就是虚与实的关系，让画面是形式，更突出题目《古意春秋》，似旦角入场，新鲜感十足又很和谐，想象中的虚与实、繁与简，有单色与复色，气质如素与剧目之间的联系，呈现出一种朦胧状，意在画外，并带来的是一种神秘感和装饰性。

关于现实题材的表述，他的作品《织》《哭嫁》《小背篓》均是早期创作的代表作，这些画法，也受到当时湖南工笔画群体一些老师的影响，比如陈白一、朱训德等名家，他们在20世纪80年代当代工笔画的发展中做出了不可磨灭的贡献，其造型的气质影响到漆跃辉，在其工笔画中有所吸收，这也是明智的、正确的。我感觉，青年时候的漆跃辉，取法乎上，能兼得其中，因有了浪漫的文心和地域文化对于艺术的敏感所产生的影响，其天性、趣味独特，某种思考有别于其他的画家，作品让人眼睛一亮。随着许多创作作品的深入，自然就顺着这条大道摸索前行，还有，他非常主动地将民间艺术手法融入绘画的过程里，这也是他艺术觉知和融合的重要印证。

比如，他吸收传统皮影戏的造型，创作出作品《红色·梦》系列，共16件，这是关于皮影戏的一组画作。这套作品用红色，象征着生命鲜活与热情，这些皮影的动态和剧目依然

弟子（壁画临摹） 33cm×40cm 纸本重彩 2002

（左图）壁画临摹 50cm×40cm 纸本重彩 2002
（中图）壁画临摹 50cm×40cm 纸本重彩 2002
（右图）壁画临摹 90cm×80cm 纸本重彩 2007

远逝的风景·皮影之一　68cm×68cm　纸本重彩　2012

是主题鲜明，只是画面的表现与皮影本身有了差距。这里的渲染提升了画意和图式的高度，而以绘画语言来呈现，已有自我描述的独到方式，满纸上的形完全融合在图式勾勒的意象中，被烘托出一种灿烂。

比如2014年的《城市·走》系列，共5件。《城市·走》系列与《红色·梦》在题材上有相同之处，选用的是皮影戏的内容，描绘构成的戏剧人物形象。画面里的线与线、面与面、形与形、故事与意境，全然是一种绘画语言的融合，在方形的画面里面，那些器材道具描绘也很精细，还有色泽上的气息，都将绘画语言做到独到别样。

比如《广场舞》，这件作品是当代现实社会的一种真实体现，构图上的趣味也有点像版画，效果似印象，一种浪漫的趣味，将整个画面带入了一种汉画像表现的排列里，其气质与动态的融合，既古典又现实，绝好。

我理解，画之所以动人，往往是作者的个人选择和趣味情调带来的结果。无论是手法上的细致，还是造型上的粗放，多源于他心性当中自身带来的东西，而不是后天所能补替的。正所谓艺术之美，艺术之魔力，也是个人取法或思想造化的结果。美无处不在，在于发

远逝的风景 · 皮影之二　68cm × 68cm　纸本重彩　2012

现，这应该是艺术家的本能。

而发现美，就等于发现自己。我感觉，漆跃辉的另一组《红椅子》系列作品，其表现力惊人，他善于把现实的场景转化在朦胧的意境里，用色，用光，用主观的想象，有别于其他画家的手段，营造出一种与时代无关、与生活无关、与作者本身无关的境地，只是让画面呈现一种特别的气质，呈现独特的味道，但又有一点魔幻，一点东方。

我想，画家的职能就是在自我世界里创造一个无古、无今、无现实、无未来的真实世界。这个世界被营造出来，是需要用心、用才情、用品格去完成的，只有这样，艺术作品或许才能耐读而让人感动。

画家漆跃辉，数十年来一直坚持创作，选择工笔重彩，与世界和谐相处，自我表达，不管是什么潮流的变迁，也不改初心，这一点是非常可贵而值得我们尊重的。创建自我，在艺术领域里是一种非常不容易的本事，正因为不容易，他所做的一切，恰恰是这个时代能留给后人感怀的艺术价值，值得关注，也值得推荐。

2023年10月24日于长沙洋湖

远逝的风景·匆匆　194cm×97cm　纸本重彩　2010

远逝的风景·皮影之三　194cm×97cm　纸本重彩　2015

 远逝的风景·敦煌 197cm×197cm 纸本重彩 2013

艺术不易

——漆跃辉访谈

采访时间／2023年5月27日
采访地点／漆跃辉工作室
参与人员／漆跃辉、陈子游、陈元幸子

陈子游（以下简称“陈”）：漆老师，我们认识很多年，这次能有机会合作这本书，是更进一步的缘分。《中国艺术家年鉴》系列已经合作了30位艺术家，你是第31位，之前关注水墨艺术家比较多，你的创作涉及工笔画和壁画较多，也算是开拓了这套书系的视角，之后也计划拓展其他画种的艺术家。我们编辑部有一个常规的采访提纲，每位艺术家的答案是不一样的，这也是我们梳理文本时最看重的内容，我们通过文字、图片、艺术家履历等板块的分割，使得这本书内容非常丰富，放在书架上是不会被丢掉的，这就是我们做这本书的最大的愿望。

漆跃辉（以下简称“漆”）：我一直在关注你主编的书，做得很好。

陈：今年编辑部挑选了两位艺术家，一位是你，另一位是上海中国画院的画家，你们都属于综合能力比较强的，创作内容、题材涉及广泛，这样编辑出来的书才丰富好看。这段时间翻阅你的资料，我感觉很新鲜，也想对你有深度的了解。你退休后的状态和艺术思考是怎样的，这是我首先想知道的。

漆：今年是我退休的第三年，我一退休就移居长沙了，退休后的生活也没有太大变化，可以说是我在学校退休前状态的延续。我在学校里面原来做了几年行政工作，不做了之后就很单纯了，除了教学，最重要的就是画画。在学校的时候，我原来的办公室也是我的工作室，学校还有一个大的临摹室，我的作品《桃花源记》就是在那里完成的。我基本上就是在家吃饭、睡觉，其他时间都在学校里画画。过年或是假期，那个楼里基本上就剩我一个人了，可能进门就把门反锁了，安静地思考，安静地创作。

陈：所谓“闭门即是深山”。

漆：对，有这么一段经历，退休之后也没有什么失落感，反而觉得是很高兴的一件事，

高士图　180cm×80cm　纸本重彩　2004

林中高士之一　40cm×40cm　纸本重彩　2015

什么都不用管了，把所有的都做了减法，能够有幸当一个职业画家。在长沙有了自己的工作室，环境也不错。现在的生活状态，基本上就是早晨六七点钟就从家出发，在外面吃个早餐，然后到工作室来，我的工作也就是画画、写字、看书、喝茶，一天来回走六趟，包括晚上，吃完晚饭、看完《新闻联播》之后再过来，大概十一点多回家睡觉。我在长沙的圈子也不是太大，只是偶尔还会去参加一些社会活动，应酬也不多。朋友邀请，我就出去；没有邀请，如果美术馆有好看的展览，我就去看一下。我现在就是这么个状态。

陈：这有点像健康的老年生活，还有自己的精神追求。作为一个艺术家来说，最重要的还是时间、方法、自己的精神追求，你现在就是一种非常自在的状态。你这些年最重要的几件作品《桃花源记》、长胜桥壁画，是什么样的机缘让你画了这么多大的作品？

漆：我实际上一直都是画工笔画，以工笔画为主的。我在画工笔画的过程中，如果画累了，我就去画点写意画。其实从我的内心来说，我特别喜欢写意，那感觉特别好。另外，我觉得工笔画容易画得匠气，它容易画得太像工笔画，那我就可以通过写意把工笔画画得更加有意思一点、轻松一点，更注重意的表达。准确来说，我还是一个工笔画家，是在工笔画中派生出壁画创作来的。我虽然也做壁画，但我没有把它当成一个工程来做，我实际是在画工笔画。壁画在某种程度上不是一个画种，它是陈列在墙上的大型公共艺术作品，国画可以，油画可以，版画、浮雕也可以。我在做壁画的时候，心里想的还是在画一幅工笔画。我认为它只是在创作过程中需要把握材料的转换，基本上是这么一个概念。参与壁画创作的机缘是在2016年。这一年，常德市搞建设、搞“三改四化”，我们有条河叫穿紫河，这条河最早是一个臭水沟，我们都不知道常德还有这么大一条河，我经常从河桥上过，只知道这条河很臭，水浮莲全部把它覆盖住了，看不清全貌，以为是一个水塘的样子。自从2016年，当时市委宣传部的唐贵平部长给我打电话，说市委要整治穿紫河，要求把穿紫河下面所有的桥下画上壁画，要像桂林一样，要做最好的，要求很高。之后，我联系了当时中央美术学院壁画系主任孙韬，希望他能参与这个项目。这条河一直贯穿我们整个城市的东西，从白马湖一直到柳叶湖。第一次我们去河里坐船看的时候，我才知道常德原来有这么宽、这么美的一条内河，但是河的桥下面乱七八糟。当时我们选了7座桥，每一座桥下面都要画壁画，因为桥下要通船，桥下要有壁画，人行道上也要有壁画。没具体方案，只知道这个项目大概要从5月开始正式启动，到10月全部完工，时间周期非常短。我也是第一次跟中央美院合作，战战兢兢，之前没做过壁画，不知道怎么回事。项目组让我选一座桥，我就选了最偏的一座，每天上班的时候我就下去看，非常难做，桥下面不是平的，它是由一道道的梁弯过来弯过去的，我就只能一个侧面画一幅画。长胜桥总共加起来有近1000平方米的

林中高士之二　40cm×40cm　纸本重彩　2015

面积，《桩巴龙的传说》和《龙王招亲》是画在人行道上的，我就是用工笔画来表现，用马赛克去做，这相当于是工笔画的转换。桥下有很多的梁，和三个顶，每一个面都由浮雕、马赛克绘制，那些东西就带工艺的味道，装饰的味道。因为时间很紧，假期的时候我在学院楼上绘制画稿，刚好赶上那座楼全部改造，墙面全部粉刷，有些地方要打孔，机器在墙上“嘟嘟嘟嘟嘟”，到处都是水泥，乱七八糟，我把门一关一个假期把稿子拿下来了。后来有几个学生给我做助手，那座桥的设计稿就是在这种情况下完成的。

《桃花源记》是我一直想画的主题，大概十年前我在报社的时候就开始收集这方面的资料，也构思了一些草图。后来常德做画墙计划，是中央美术学院孙韬老师为主策划的，《桃花源记》是其中很重要的题材，我表达了想画《桃花源记》的意愿，最终如愿以偿。当时我就觉得这应该是我这辈子最重要的一件作品了，我必须好好对待，能画多好就画多好。着手开始大概是7月，因为题目一公布需要在两个月之内就提交小稿，我就开始查资料，我想这个稿子凭手起稿肯定很麻烦，改都改不过来。我采取的是先局部再整体的方法，先把每一个人物勾出来，把树勾出来，把房子勾出来，因为时间很紧，我把长卷的尺寸定好之后，就把人物往电脑上面摆放，根据画面要求，可以调整人物的大小、比例、位置等。我可能画了四五百个人物，最后可能选择了一百多个人物，这就是手稿。我只要画五棵树，可能五十棵树就出来了，可以复制粘贴，我画的时候再去改。摆放好了我再打印，打印出来我又修改。两个月期限一到去交稿的时候，当时许多专家评委们就对我这个稿子给予了充分肯定。殷双喜看了以后就专门跟我交谈，要我花最大的气力、尽最大的努力去画好这一幅作品，他建议我看一下当时正在故宫里面展出的《千里江山图》。刘秉江评委很直爽，他认为不行就不行，有时候对许多作品直说这是毁墙，大家都很认真。他们觉得我那个造型很有意思，我原来对自己造型是没信心的。他们对稿子也提了很多的意见，提意见我就修改。后来又画了几稿，我的文章里提到的细节就不重复了，这样就把这张画画下来了。

陈：我在文章里看到跟你相关的师友，如唐勇力、胡伟、胡明哲，包括省里面的朱训德，北京的潘缨、苏百钧这些人都在业界非常有建树，你跟他们的缘分也使得你在创作方面有了一定的方向，我想你受他们的影响也蛮深的。包括蒋采苹、莫高翔以及最早启蒙的莫湘怡，他们都是你人生的贵人，聊聊你跟他们交往时有意思的事，以及对你在艺术创作上的指导作用吧。

高士图之一　40cm×40cm　纸本重彩　2016

（上图）高士图之二 40cm×40cm 纸本重彩 2016

（下图）高士图之三 40cm×40cm 纸本重彩 2016

（上图）高士图之四　40cm×40cm　纸本重彩　2016
（下图）高士图之五　40cm×40cm　纸本重彩　2016

（上图）高士无名　60cm×60cm　纸本重彩　2003
（下图）水流无声　60cm×60cm　纸本重彩　2003

2009年，恩师莫湘怡在澳大利亚墨尔本

漆：我人生中的每个阶段都出现了对我影响较大的老师。第一个阶段是启蒙时期，我的中学美术老师，还有莫湘怡老师对我很重要；第二个阶段是在湖南师范大学美术学院学习时期，有朱训德、莫高翔、吴荣光、李蒲星等老师；第三个阶段是在北京求学期间的蒋采苹、唐勇力、胡伟、胡明哲、潘缨、苏百钧等；第四个阶段是中央美术学院壁画系及壁画界的许多老前辈都对我的创作产生影响。我最早毕业于桃源师范学院。我是一个知青，1977年高中毕业就下放到农村。到了1978年，就想考学，我参加了当年的高考，考上了一个中专学校，即桃源师范学院。我们那会儿师范毕业是不能考大学的，要三四年以后才能考。后来在单位请病假参加高考，通过了几所学校的专业考试，当参加文化考试时被学校及县教委卡住不许报考。后来我通过熟人介绍认识了莫湘怡老师，他当时是《湖南日报》的美术编辑，人很好、文化修养很高，画也画得很好，他对我特别好。我们每一次通信他都是用毛笔写信，他对我的影响是什么呢？他告诉我：要读书，要写字，要把基本功打好。一个练武功的人，站桩都要站三年，他给我指了一条从事艺术的路，我那时候就开始临摹，放几块砖在手臂上练习勾线，贺友直的《山乡巨变》一本我全部临摹完了，还有《三打白骨精》之类的我都临摹过。实际上，在他那里我就是学习做人，他跟我讲："你在单位不要争奖金，不要和别人吵架，专注于自己的工作。"这些都很重要，他应该是我人生的启蒙老师。后来莫老师移居澳大利亚了，刚开始我们还有点联系，最后就一直联系不上。我在网上查到有关他的信息，之后我看到了一个与他相识的湖南美术出版社的文字编辑周实的文章，他写了一段话就说莫湘怡出国了这么多年，一直没回来，也不知道为什么，就写他的一段经历。我通过他打电话，就找到了莫湘怡，然后我们就联系了一两年，包括我给他看我的画，他很高兴，他也会给我看他画的画、他的照片。但是后面新冠疫情前后几年时间，一直就联系不上了，不管怎么说，他是我这辈子的贵人。

在湖南师大美术学院学习，主要是练习基本功，把基础打好，师大有许多好的工笔画老师，在创作上也学到了很多的东西。后来我到北京参加了由文化部组织的岩彩高级研修班，是王雄飞主持的，他是从日本回来的画家，请了胡明哲、胡伟、唐勇力、张导曦、王青等老师去讲课，课程两个月。但这两个月最大的影响就是我创作观念的改变，好像突然之间我的思路被打开了，感觉我的画可以这样画也可以那样画，实际上就是艺术家应该怎么创新，包括在材料上、在观念上、在表现手法上。我运用材料表现的重彩作品也就是从那个时候开始创作的，虽然之前就开始有一些探索，但是在这里我得到一些自信，认准了自己的方向。2016—2017年，我参加北京蒋采苹的高研班，在蒋先生那里学到了不少的东西，潘缨看到我的画就说我画得好，还说我的状态好，给了我很大的鼓励，在这个班上接触了唐秀玲、苏百钧等老师，每个老师都有各自的特点，有时候他们的一句话都会让你受到启发。

近些年我和壁画界的李化吉、刘秉江、唐小禾、袁运生、孙韬等这一批壁画家接触比较多，与他们交往，收获更多的是保持艺术家的一种状态、态度。包括我做34米长《桃花源记》壁画的时候，我的画与唐小禾、孙景波、李化吉的画摆在一起，同时在工厂进行制作，我和唐小禾老师是并排在一起的，我们基本上是同时开工同时完成的，经典的东西摆在一起就会有比较，就会有差距，你就会觉得他们的作品好就是好，人家每一件经典作品都是用心完成的，那时候的艺术家就是这么过来的。一件作品，人家从体验生活到打小稿都是几年的时间，对创作很严谨。这样就给我一个启发，我们艺术家对待作品的一种状态和态度很重要。之前理论家殷双喜跟我说：“你的机会很好，遇到《桃花源记》这个主题，你能画多好就画多好，这个不容易，一辈子不要很多画的。”我想，我们如果花很多的时间和精力去做一件事的时候，大部分都能做得很好。还有一点，通过和他们的交往，让我对艺术有了更多的自信。因为什么自信呢？我意识到：哪怕你是名家，你不认真做，你也不一定做得很好；你没有别人水平高，你没有别人有名气，但是你认真做，你的作品也不会很差。

采访影像

（上图）林中高士之三　40cm×40cm　纸本重彩　2015
（下图）林中高士之四　40cm×40cm　纸本重彩　2015

高士图之六　40cm×40cm　纸本重彩　2016

陈：用心与不用心之间的差距很大。我们了解你的状态，除了艺术创作之外，我们也更想了解你这几十年在心路历程方面，包括家里的生活、父母兄弟之间的情感、人与事的处理以及周围人对你从事艺术是一个什么样的态度，通过你的表述让我们理解和感受一下。

漆：我的爸爸妈妈没读过什么书，他们在壶瓶山小镇的供销社工作，吃商品粮的。我的父亲是一个非常传统的人。我的爷爷是医生，父亲很小就死了母亲，爷爷子女多，为了有碗饭吃，所以很早就把爸爸放到了舅舅那边生活。父亲性格非常刚直，他缺少母爱，对我们特别严，我们小时候经常是做得不好就要挨鞭子，他就是这样一个我们都怕的严父。我的母亲特别善良、慈爱、忍让，是个贤妻良母。我觉得我的父亲和母亲就是儒家传统封建礼教下的两个典型人物，两个极端。我后来学儒家的思想，觉得儒家思想可以深入封建家庭每一个人的骨髓里面，这种教育强大得很。我就是出身在这样一个家庭，我们兄弟姐

（上图）高士图之七　40cm×40cm　纸本重彩　2016
（下图）高士图之八　68cm×68cm　纸本重彩　2016

（上图）高士图之九　45cm × 45cm　纸本重彩　2016
（中图）高士图之十　40cm × 40cm　纸本重彩　2010
（下图）高士图之十一　40cm × 40cm　纸本重彩　2016

妹关系特别好，我家有三兄妹。我的爱人，她是三姊妹。我们两边家庭的兄妹之间非常和谐友爱，我爱人的弟弟现在在澳大利亚，他们三姊妹有的经济状况比较好，对父母也特别有孝心，我们这个家庭总的来说还是很和谐的、充满爱的。包括我爱人，给了我很大的支持，没给我添什么麻烦，我就可以一心一意地去画画；儿子读书、工作也都没给我们添麻烦，家庭还是比较和谐的。

陈：这也说明一个问题，家庭氛围好、家庭教育做得好，对人的成长、人的能力、人的情商的注入都有非常大的帮助。

漆：是的是的。所以我为什么有这么好的一个状态，它是综合多方面因素促成的。你说如果我现在还有很大的经济负担，我父母亲生病也需要我去负担，或者还有其他的负担，我是不会有这个状态的。所以与整个家庭还是有关系的。关于朋友，在人生中我还是有很多的贵人。当然，你说有没有小人呢？有，这是自然的。小人也要感谢，小人监督我、激励我，也是成就我的人。我们讲成功的因素：自身努力、贵人相助、小人监督、高人指点，这才是成功的秘诀，缺一样都不一定能成功的。在我的人生中遇到了很多的贵人，后面还会遇到很多帮助我的贵人。

陈：你作为学院老师，也做过学院专业领导，你如何看待今天的学院艺术教育？这是我们学院以外的人非常想知道的一些内容，就这方面谈谈你的亲身体验吧。

漆：中国的高端美术教育主要是美术学院承担，美院是很专业的，从事艺术创作的艺术家比较多，培养人才有优势。在地方的本科院校，我觉得真正去培养艺术人才还是有很多局限，更多的是应用型的人才。实际上在某种程度上来说，单靠美院的教学来培养艺术家是有难度的。为什么呢？因为一个真正的艺术家应该有独立思考的能力、有独特的个性和人格，他要有和别人不一样的想法和思路，还要有稳定的研究方向和自身的知识体系。学院的教学往往是一些基本的、普及性的、通识性的知识、素质和观念。所以，我主张一个艺术家主要还是要靠自己成长。我们讲“知识”和“知道”，很多人他什么都知道，但那不是知识。我们的知识是海洋，你不可能把所有的水都喝完，作为一个学者、一个画家，是在知识的海洋里找一部分自己能用得上的，方向要明确。当然也要博览群书，博览群书的目的是去找有用的东西，你不博览就不知道哪个地方有用。知识对某一个人来说是一个与众不同的体系，所以作为一个高校的老师不仅仅是教会学生知识及技法，更重要的是给学生提供学习的思路和方法，让每一个学生围绕自己的方向去读书和学习，形成自己与众不同的知识体系。

陈：我理解，包括你的案例也是非常常态化的，比如你先学的是师范专业，然后又到湖南师大再深造，又到中国艺术研究院进修，其实就是在不断学习的过程中找到自己。大的美院系统，可能建构的是培养艺术家的方位；普通大学本科是培养一个实用性人才或者艺术工作者，这就可以了。在西方艺术大师里面，根据你这么多年来的研究、感受，你觉得哪几位大师对你的观念有影响，或者你喜欢他们的哪些作品？

漆：我画工笔画，在造型上面从民间、从壁画中找一些东西，但在色彩上面我还是受西方当代画家影响比较多。我比较喜欢高更的作品，他的色彩和我们东方的这种石青石绿有类似之处，我还特别喜欢他的一幅作品《我们从哪里来？我们是谁？我们往哪里去？》，就像中国古诗《春江花月夜》，对人生、对宇宙的思考或询问，“江畔何人初见月？江月何年初照人？人生代代无穷已，江月年年望相似”这样一种感觉，我觉得这种感觉特别有意思。凡·高的作品，激情饱满，他的点、他的颜色通过笔触、色彩来表达情感。莫迪里阿尼，他虽然是西方传统写实绘画风格，但他的造型非常平面，又带一点装饰味，而且又非常有意味，简洁而概括，很有意思。

陈：你生在湖南，长在湖南，湖南工笔画曾在20世纪80年代在全国脱颖而出，你应该属于第二代湖南工笔画家，我想了解过去那个工笔画现象到现在是弱下来了，还是强了？

漆：以陈白一为代表的湖南工笔画，他们当时是以湘西、以深入生活为主题，对生活的情趣特别有感觉的一批画家，通过画湘西题材，在当时的北京以及全国都产生了非常大的影响。为什么能产生非常大的影响呢？“文化大革命”的时候，大家可能都在画主题性的作品，画得都比较严肃，刚刚改革开放，突然之间出现一批特别有生活情趣而且又是一群有影响的湖南画家，大家都来做一件事，效果和影响不言而喻。那个时候画派也很多，像贵州的版画、黑龙江的版画，是一个流派也好，一个群体也好，大家共同来做这个事。现在

白云衣边生之一 68cm×68cm 纸本重彩 2016

好像也没有人提画派不画派的,“画派”一词好像都过时了,都不太提。实际上,我觉得大家共同去研究一些东西,也有它的一些好处。老一代的工笔画家给我们湖南创造了一个辉煌,到现在我们还经常在提,有时候提起来我们都有点心虚。客观来说,现在的湖南工笔画在全国来讲还是有点势弱了,那时湖南工笔画在全国的展览获奖多,入选的队伍大,人数多,这批画家画得特别好,确确实实画得好,质量高。

陈:你是湖南省工笔画学会的副会长,你有责任。

漆:我不敢负这么大的责任(哈哈),当然每一个画家都有责任。你说要去恢复我们湖南工笔画的辉煌。我们要恢复湖南工笔画的荣光,湖南工笔画这个大旗要高高举起,要有一批优秀的画家,一批有志之士共同为之奋斗。关键是有更多的画家和作品在全国重要的展览中入选或获奖,有更多的画家和作品在全国产生大的影响。有时候,我就产生一个设想:比如湖南工笔画有一批画家,大家都以“湘楚文化”为意蕴,以湖南、以湘西为地域特色,以一

白云衣边生之二　68cm×68cm　纸本重彩　2016

种现代的全新的形式和观念和视觉去画湘西，再次走进湘西，再画湘西。我们站在一个开放的思维、站在全国的或是世界的高度去审视我们的传统文化，让这种创作既有我们湖南乡土文化的地域特色，又有时代气息。大家的作品在文脉、在整体气象上有一些共同的东西，而在形式上却又有很多的不同，让大家能够感受是湖南地域的特色和气息并且又很现代，画出一批和湖南前辈不一样的湘西。这样大家一起在中国美术馆搞一个展览，我想应该还是有影响和有特色的。

陈： 我看你收藏了很多民间艺术作品，你对收藏的感觉以及你创作的意味也有取法这些民间艺术，你收藏的东西里面有什么样的趣味和故事能分享一下吗？

漆： 实际上，我原来是没什么收藏的，后来看到一些画画的朋友喜欢收藏，我也开始买一些自己喜欢的东西。有一次我就在一个朋友那里，看到他收藏的一个小铜人，有秦汉味道，不知道是真的还是假的，那个不管。我就觉得它的造型没有什么细节，但是外形有秦汉

笛声之一　52cm×68cm　纸本重彩　2006

那种拙朴的韵味，就像我们写意画那样的，用笔不多，却很生动、很传神、很有趣；同时看一个明清的菩萨，精雕细刻，每个细节都做得很好，但就是感觉没味，就是“死”的，它就是匠人在做工。我想做小铜人的这个艺人他一定是满怀激情的，是用自己的感情去做的，而做清代菩萨的是一个匠人，他更注重线条的圆润和精致，他的作品里面没有情感的东西。有时候，我觉得那么少的东西就能表现那么多的东西，这个需要智慧，需要才情。你看我的画就不敢画少，我是以多胜多，也算是自己的一个特色，以后争取多做减法，少画点东西。

陈：我最近也在研究梁楷，我通过他的案例想到一个问题，其实他呈现的中国画有三种形态：一种是纯粹的非常有力道的白描、勾勒，造型丰满，他早期都是以这个为主；进而是唐宋之间的罗汉，人物画；再就是晚年的意笔，如《泼墨仙人图》《太白行吟图》，还有其他的一些罗汉。他就是这三个形态，他的三种画法也是他的三种境界。为什么要了解你的收藏呢？收藏代表你的审美和趣味，你刚才讲的秦汉趣味或明清的趣味，其实都是时代的共性。秦汉时期，无论是官还是民，他们的审美趣味都是粗放的，因为都是初建，建立一个新王朝，尤其是汉画像。我们从壁画里面看，一千年的敦煌脉络，里面是非常丰富的，但越到后面越细，装饰味越重。刚才我们讲“楚文化”，它也是意象化的一种追求，也是从

笛声之二　68cm×68cm　纸本重彩　2009

心里长出来的造型。通过看你的画和跟你聊天，发现你的趣味还是在宋元以上，包括你理解到的、感受到宇宙空间里人类共有的审美状态，追求一种时空的跨越，而不是拘泥在每一天具体的趣味之间，而是大的趣味，这点非常难得。

漆：我最早也是看到一些民间木雕。木雕的金色、黑色、红色，我看得比较激动，之后在北京买到了一本关于木雕的书，我觉得特别有意思、特别喜欢。我们常德桃源那个地方，是一个很神奇的地方，它的桃源木雕、桃源刺绣，特别是桃源木雕，实际上也是“楚文化”在乡土的载体，它的人物的造型很矮、很拙朴。而秦汉的石刻造像，就是大气的，有力量、拙朴。

陈：中国艺术和西方艺术，尤其是中国画的造型里面有自己的一种道统，或者说有自己延续不断在打磨共有的造型，传承方式跟西方的艺术理念是两个板块，但制高点是一样的。一代代人都在画一样的东西，就是看哪一代人画得更精彩。文化是共性的，长出来的枝叶就是个性的。文化道统就跟修园林一样的，西方人修修剪剪，中国人野逸一点，没有人去管，就是有区别。现在中华文明、西方现代文明和伊斯兰文明一直在相互影响、相互作用。

漆：没错，我与你的想法是一样的。

桃源高士图　34cm×272cm　纸本重彩　2014

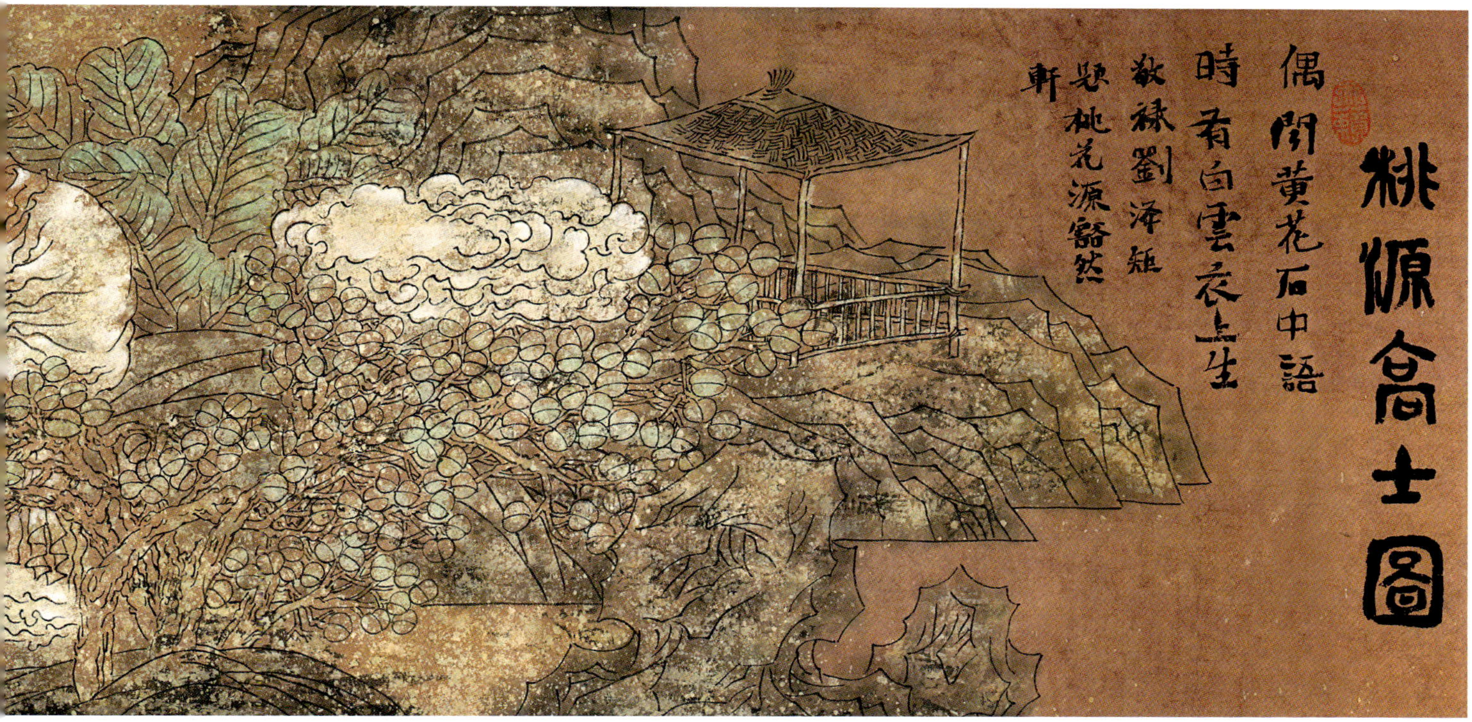
桃源高士圖
偶聞黄花石中語
時看白雲衣上生
敬錄劉浲矩
題桃花源豁然軒

198 . 武陵戏韵之一 194cm×97cm 纸本重彩 2008

武陵戏韵之二 194cm×194cm 纸本重彩 2014

武陵戏韵之三 194cm×97cm 纸本重彩 2015

武陵戏韵之四　194cm×97cm　纸本重彩　2015

妙契无言·山　70cm×39cm　纸本重彩　2022

妙契无言·雨　70cm×39cm　纸本重彩　2022

妙契无言·树　70cm×39cm　纸本重彩　2022

妙契无言·云　70cm×39cm　纸本重彩　2022

妙契无言·叶　70cm×39cm　纸本重彩　2022

妙契无言·风 70cm × 39cm 纸本重彩 2022

云语之一　68cm×68cm　纸本重彩　2005

云语之二至之五　68cm×68cm×4　纸本重彩　2005

古意春秋之一　68cm×34cm　纸本重彩　2021

古意春秋之二　68cm×34cm　纸本重彩　2021

古意春秋之三　68cm×34cm　纸本重彩　2021

古意春秋之四　68cm×34cm　纸本重彩　2021

216 . 三子图 197cm×197cm 纸本重彩 2006

形色沉迷

我话我画

文／漆跃辉

绘画是形象的艺术，画家是感觉家，有了感觉才有灵性，有灵性才能悟道，而悟道的基础来自修炼。修炼是一个长期不断的积累过程，中国画的创作靠的是自身修炼，是品行、学养、技巧及艺术劳动、艺术状态的总和。

童年记忆

我出生于湖南省石门县壶瓶山上的龙池河，大约5岁时由山里的“力人”在一个雪花飘飘的冬天，用一担箩筐把我和哥哥从大山深处的江坪挑到了泥沙市（现在的壶瓶山镇）。这里是湘鄂交界的边远山区小镇，清清的渫水河畔有一条青石板路，在这条弯弯曲曲的石板路的街道两旁便是木质的吊脚桥，街道宽度不过3米左右，走到最窄处屋檐相接，只能见到一线天。西头有一栋两层楼的木屋，那是镇供销社的房子，楼上40多平方米的一间房，便是我一家五口居住的地方，房子的东面有一扇小木门，从门前望去，面前是一座封火墙的砖瓦房，尖尖的房脊刺向天空，斑驳的墙上长满了杂草，还有手指粗的树枝在风中摇曳，一条铺着发着青光的石板的街道伸向远方。

在街道的东头有一栋明清建筑，当时是区公所所在地，新中国成立前是一个广东茶商的名叫“泰和合”的庄园，屋子的正中有一扇大门，门的两边有高高的石墩，上面雕刻许多古老的图样，房间里面的木柱门窗上雕满了各种鸟兽、人物。石质门槛及门框已被磨得光光的，夏天便喜欢坐在门墩上，将赤膊的背心靠在石质的门框上，一种凉凉的感觉十分舒服。

街道的旁边有一条小河，河边有一条木船，一根钢丝绳贯穿着河的两岸，木船的一根竖木和钢绳连着，老艄公拉着钢绳将船移动到对岸送走往来的客人。河水清澈透底，童年的我们似乎从没有什么学习的压力和记忆，记得在夏天大多是在河里游泳，捉螃蟹，抓鱼，在河岸边网蜻蜓、捉知了等，做各种土游戏。记得有一种红蜻蜓的颜色特别漂亮，至今想起那种红色总是觉得特别的温暖。

红树白云　104cm×94cm　纸本重彩　2002

舞　68cm×68cm　纸本重彩　1999

几十年来，童年的那条青石板路、封火墙，那条清清的小河，那间小木屋一直在我的梦中环绕。有人说："纯真的艺术是虚构的童话，它源于童年的经验与梦想。"在我的画中，有着许多怀旧的情节，总是潜意识地表现对过去美好东西的朦胧的回忆。每当我看到一些老物件上斑驳的色彩，看到石头或墙脚的一块斑痕，常常使我激动不已，时间是最伟大的艺术家，它经历了数千年的历史沧桑，有许多说不清道不尽的故事让你回味。那些斑驳的纹理和色彩是我的作品的一种形式，也应该是作品的内容。

艺术源流

我的父母亲是镇上供销社的职工，也没有什么家学的渊源，主要管吃饱穿暖。在童年期间，除了玩，对艺术完全是懵懂的。到初中一年级的时候开始有位教语文的覃事坤老师上美术课，觉得十分有趣，此时才开始喜欢美术。1978年由知青考入桃源师范，美术课成为我重要的学习内容。师范毕业后还曾拜师当时湖南日报社美术编辑莫湘怡学习连环画，曾通篇临摹过贺友直连环画《山乡巨变》。在湖南师大读书时受到朱训德、莫高翔、吴荣光、李蒲星等先生的教诲。2002年，参加文化部重彩画高级研究班，受教于唐勇力、胡伟、胡明

2015年2月，在展览现场与朱训德老师合影

哲、张导曦等老师。2007年，到中国艺术研究院访学，以蒋采苹、苏百钧、潘缨、唐秀玲等为导师学习。在校学习为我的艺术创作打下了坚实的基础，也为我的艺术创作找到了探索发展的方向。

在学校学习，学的大多是通用的基础知识或某个艺术家个人的艺术创作，我早期的作品大多是模仿别人的作品搞创作，到后面开始思考和明确自己的研究方向。要成为一个真正的艺术家，需要有自己的研究方向和知识体系，形成自己独特的艺术风格。我的绘画主要是侧重于古代壁画及民间美术的研究。

中国传统的工笔画主要分为两大块：一个是以宋代工笔画为代表的淡彩，清新秀丽；一个是以敦煌壁画为代表的庙堂壁画，厚重绚丽。我特别喜欢古代壁画斑驳的色彩，其色彩经过上千年时间的沉淀与剥落，形成了特别厚重而丰富的效果，画面中的石青、石绿、朱砂、朱磦等天然矿物色，在灰暗的底色衬托下放出绚丽的光彩，特别是看到在大面积色彩脱落的缝隙里留下的一点点红色的朱砂，它站在角落里默默地诉说着历史的沧桑与辉煌，让我特别感动。

民间美术造型大胆自由，拙朴纯真，色彩艳丽。民间皮影、年画、剪纸都是我艺术研究的对象，也是我画面中常常表现的题材。北京有一个专门进行文物交易的大市场潘家园，那里汇聚了中国不同时代不同民族的各种新老物件，在北京学习时几乎每一周都会去那儿转悠，我把那里当成了我学习的课堂。重彩画作品《潘家园印象》就是那时候创作的。常德桃源县是一个有着深厚文化底蕴的古城，那里的桃源木雕和桃源刺绣风格独特，在全国十分有名。桃源木雕以红色、黑色、金色为主要色彩，具有浓厚的楚文化气息，其造型简练、圆润、拙朴。桃源刺绣以动物和花卉为主，造型夸张而有神韵，几百年前的作品现

心斋之一　60cm×60cm　纸本重彩　2002

在看起来还有现代艺术的气息。我的系列作品《桃源花开》就是取材于桃源刺绣与桃源木雕。

古代陶俑及古代雕塑也为我的创作带来很多灵感。其造型十分简洁、整体，有次到江西省博物馆，看到一批瓷俑造型十分有趣，眼睛比较大，眉毛长而呈弧形，鼻子和嘴巴很近，形成一体，手指短而齐，十分拙朴而有趣。

秦汉画像砖的外形十分整体，造型拙朴而大气，充满动感和力量。其人物造型特点是袖大手短，外形呈弧形，不拘于细节，追求整体大的气势和整体气韵。我创作的壁画作品《桃花源记》的造型就是从秦汉石刻中变化而来的。

我在研究古今工笔画作品的时候，不局限于向传统的工笔画学习，中外古今的版画、油画、雕塑等艺术形式都是我学习的对象。一方面，是在传统的经典作品中汲取养分；另一方面是在形式和面貌上尽量和传统的经典拉开距离。

心斋之二 60cm×60cm 纸本重彩 2002

文化滋养

我们读中小学的时代，是“没有文化也能承担革命重担”的年代，教材上除了有许多革命故事和口号外，古代传统文化几乎是空白，在学校主要是勤工俭学搞劳动，课外读物几乎没有。记得中学时听到街上一位先生背诵“白日依山尽”的古诗，觉得十分新奇。直到考上师范，有一位叫赖汉屏的老教授，知识渊博，他的古文水平十分了得，一节课下来，古诗文就像流水一样滔滔不绝，课后还将所涉猎的诗文抄在黑板上，使我十分佩服。我听他的课十分认真，觉得中国古代经典是那么的美不可言，以至我将他上课的每一句话都用笔记了下来，将他在课堂中所涉及的古诗文全部背了下来。

从师范毕业后，当时在湖南日报社任美术编辑的莫湘怡老师对我很好，经常在书信中强调读书的重要性，对我影响至深，后来就一直没有间断对文化的学习。中国有五千年的灿烂文化，我想知道中外古代先贤们在想什么，就像一道道美丽的风景，我想去看看。通过读书来树立高尚的文化品格及建立文化心理结构，图书为我的创作提供精神的理想的

升 90cm×57cm 纸本重彩 2002

碧山白云　60cm×60cm　纸本重彩　2002

图像，也是为我的创作提供力量的源泉。

(一) 宇宙乾坤——站位与思考

中国古代哲学家从来就是站在宇宙的角度看待自然和人生的一切问题。天地万物由气而生，“一阴一阳之谓道”，自然运动变化的阴阳之气，使时令、物候、人情、时事都有着同一的生命节奏。中国古代哲人总是将人生、政治、艺术、医学等领域的运动与变化纳入宇宙变化的节奏之中。庄子的“天人合一”的思想，是精神境界上的自由和超越，是一种性灵的超越，一种超越宇宙的人生情怀。

站位的点不同，思考问题的方法不同。当一个艺术家站在宇宙天地、站在人类世界、站在国家民族的点上来思考问题和创作作品的时候，其作品就会有大的气势与格局，作品才有深度与厚度，才会有生命的力量和内涵。艺术家如果从生活审美体验上升到生命的体验，感悟宇宙大道，画家哪怕是画一朵小花，一样能表现天地乾坤之气韵，人生生命之情感。

2018年，与李魁正老师在怀化合影

2018年，与汪港清、韦红燕老师在怀化合影

（二）生命与时间——责任与担当

中国现代美学家朱良志认为：中国哲学是一种审美的哲学。生命有生物学上的生命，也有医学上的生命，而从哲学上来看，生命不仅仅指活着的东西，世间的万物都有生命，都有灵性和活力。生命是一种天地万物的精神，一种创造的品质。

中国古代的哲学家总是有超脱世俗的生死观。孔子说：“朝闻道，夕死可矣。”“未知生，焉知死？”因为生得有价值，故无畏死。儒家总是带着强烈的历史感和使命感，在稍纵即逝的短暂的人生中，用生命去追求个体灵魂的永恒与不朽。道家是超越生死，是一种审美式的视死如归。人因为将生死置之度外而毫无畏惧，所以会出现很多感天动地的伟大人物和作品。屈原用生命和鲜血写成文章，所以感人至深。当看到中国古代许多仁人志士的惊天地泣鬼神的作品和故事的时候，深感作为一个人，一个现代艺术家的责任与担当。

李泽厚说：“如果时间没有情感，那是机械的框架和恒等的苍白；如果感情没有时间，那是动物的本能和生命的虚无。”对于人来说，因为有生死，时间才会有长短，因为有生死、有时间才会给人带来无尽的感伤与激情，所以有无数的艺术家去把握生命的真实，追寻生命的永恒。现代艺术家更应该去珍惜时间，表现时间，表现生命的价值。

（三）雄浑与崇高——气势与混沌

英国哲学家伯克说：“朦胧、晦暗、模糊不清的形象较之明朗清晰的形象更容易激发‘崇高感’，因为它们更具有唤起人的想象的力量。”他认为美和崇高是有区别的，崇高总会是巨大的、凹凸不平的、奔放的、朦胧模糊的、坚实而笨重的。古罗马哲学家朗吉努斯认为，崇高提高我们的灵魂，有一种强大的力量，顽强而持久地留住我们的记忆，令人不能忘怀。

孟子是一个有浩然正气的古代思想家，“吾善养吾浩然之气”，“其为气也，至大至

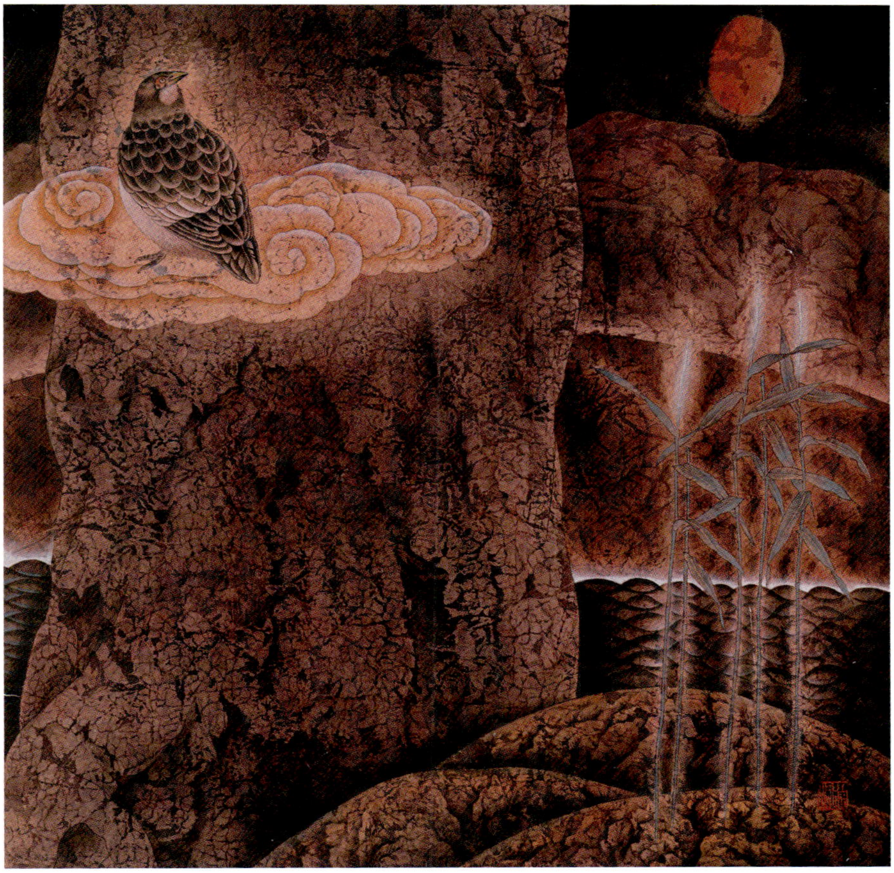

（上图）红岩　68cm×68cm　纸本重彩　2002

（下图）山顶月轮孤　50cm×50cm　纸本重彩　1999

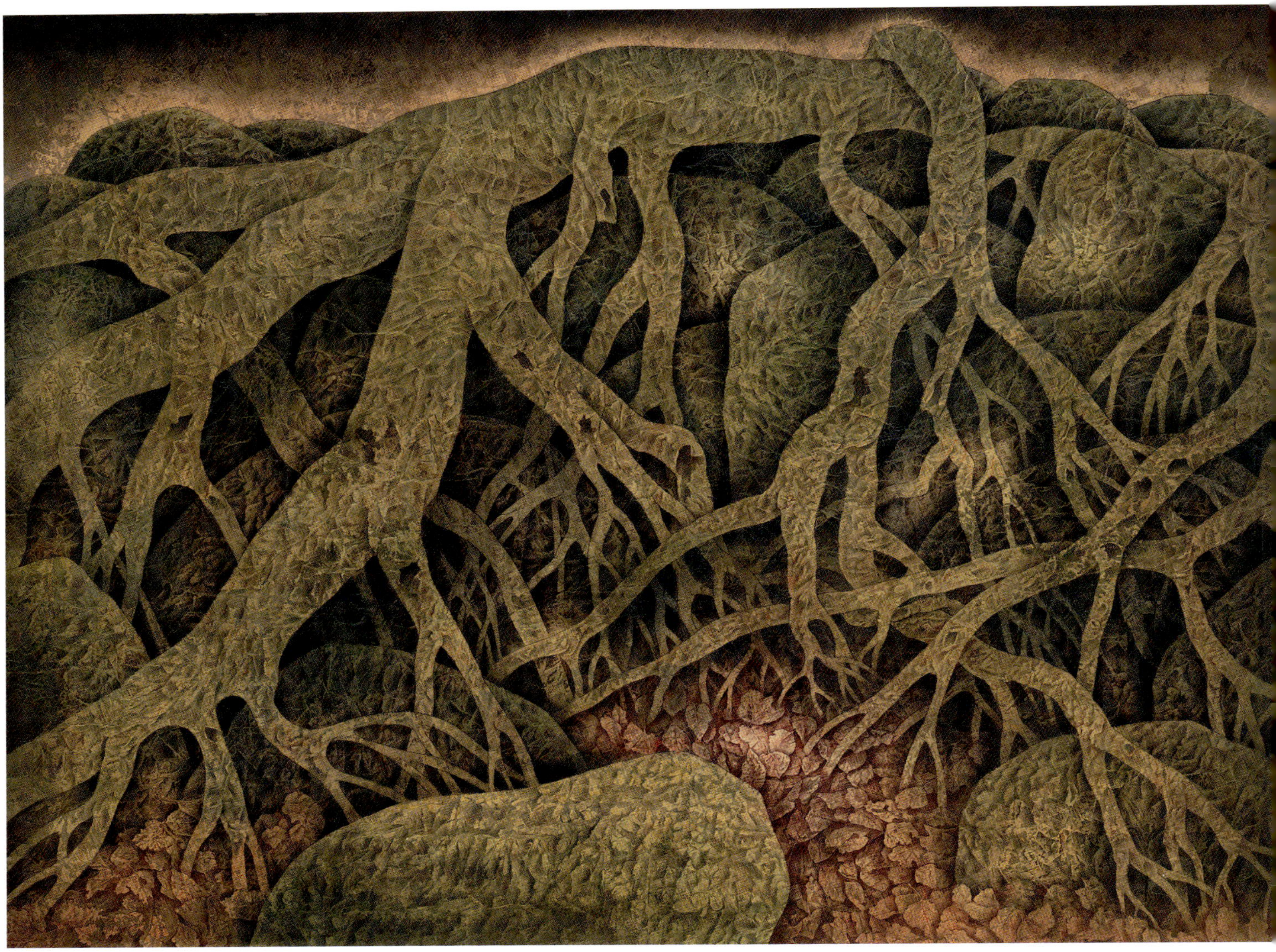

根　80cm×100cm　纸本重彩　2000

刚，以直养而无害，则塞于天地之间”。“富贵不能淫，贫贱不能移，威武不能屈，此之谓大丈夫。”大自然中有高山峻岭、长江大河的雄浑与崇高，文艺作品有气吞山河的气势与崇高，而孟子的是一种超越自然的伟大的个体人格，是道德凝聚而成的宏大的生命力量。所以艺术作品不仅仅是要人看到后愉快而更多的是精神的震动，中国古代的青铜器追求的艺术境界就是震撼人心的崇高美。

(四) 道与禅——宁静与超脱

庄子的哲学，“就是把一切非自然、非本真、非原初的心灵尘埃都荡涤干净，将人从对象化中解脱出来”（朱良志）。庄子的《逍遥游》中的心灵自由超脱，庄周梦蝶的“物我两忘”及“心斋”的感应天地，映照万物，达到人与自然合一的状态，为艺术家建立艺术的审美态度。

中国的老庄哲学及禅宗都主张静，其有三种不同的静：一是环境的安静；二是心灵的安静；三是永恒的精神，一种无生无灭的绝对平和的静。第三种静是一种超越时空的活泼的生命精神，禅宗强调的是纯粹的心灵体验，实际上是一种最高的艺术精神境界。

老庄哲学与禅宗思想使艺术家心性得到宁静与超脱，而达到一个忘我的超然的艺术状态。

作品意蕴

潘天寿说："境界层上，一步一重天，虽咫尺之隔，往往辛苦一世，未必梦见。"一件成功的艺术作品，最能打动人的莫过于其文化审美层面所包含的精神意蕴和思想情感，也就是作品的意蕴。我这里讲的意蕴，和意境、气息、境界差不多，都是指作品内在的精神与情感。《列子》中写到九方皋相马，"得其精而忘其粗，在其内而忘其外。见其所见，不见其所不见；视其所视，而遗其所不视"。九方皋相马不关注马的外在颜色与性别而更加关注内在的本质。中国画要表现的是生命的内在结构。宗白华先生说：一个充满生命节奏的宇宙，是中国艺术追求的灵魂。

我在创作一件大型作品或一个系列作品的时候，习惯于首先是寻找作品的气韵和感觉，先是到生活中、书籍中、古今中外的经典中，甚至是在焚香听音乐的过程中寻找我所要的感觉和状态，我把这个过程称作"养气"，当感觉到位，胸中有一股气在涌动的时候，便开始了漫长的创作。

我的创作或许过于理性，我常常会为一件作品的创作写下很多的文字，记下我的所思所想。我为我的作品的整体意蕴追求定位为：浑厚而绚丽、混沌而拙朴、沧桑而悠远。画出这种感觉，是我努力追求的目标。

个性语言

为由自然环境、文化滋养、个人内心真实的性情等因素而形成的灵魂寻找与之相融合的形式语言，是我一直思考和努力的方向。艺术是为灵魂寻找形式的活动，如果没有灵魂的需要，形式的寻找就失去了动力和意义。历练和学养是一个画家所要经历和积累的过程，艺术家要追求灵魂的归宿，需要艺术家上下求索，苦苦追寻。

《中庸》中说道："今夫地，一撮土之多，及其广厚，载华岳而不重，振河海而不泄，万物载焉。"讲的是地之所以厚，是由很多的一撮撮的土堆积而成，因为堆积的层数多所以厚，所以承载万物。这使我加深了对"厚德载物"的理解。

艺术作品需要积少成多才会厚，这包括学养、生活、技巧等长期积累。长期的积累也是个人作品风格形成的主要因素。

坚持自己的艺术道路，不犹豫，不纠结，我就是我。我想长沙的臭豆腐又黑又臭，开始的时候是没有人喜欢的，后来有那么多的人喜欢，臭、丑是其特色，时间长了，就“臭名远扬了”。重复就是力量，一个人的一生，重复做一件事，肯定有成就，不断地画一个画种、一种题材、一种表现手法、一种风格，不断地重复，就有了特色和力量。

个性的艺术语言也离不开对传统艺术的学习与借鉴，在学习的过程中不能简单地照搬，而应该实现传统语言的转换，将自然的形象及传统的形象实行艺术地转换而变成自己个性的艺术语言。

美术作品不同于文学或其他艺术，要靠构成、造型、色彩、线条等画面元素给作者传达情感，要靠欣赏者的直观感受来领悟作品的内在情感。我在画面的构成上注重学习现代艺术，力求有新的构成形式。在造型上追求的是平面的意象造型，注重物象外形的整体气韵与节奏，造型力争拙朴而有意味。在色彩上常常以红色、黑色、朱砂、朱磦、石青、石绿等传统颜色为主色，以古代壁画、民间美术的色彩为参照，追求平面的装饰效果。在技法上，我采用胶矾在褶皱的宣纸上从正反两面反复做肌理的办法，经过长期探索与研究，形成自己的语言特色。

艺术状态

19世纪，俄国美学家别林斯基在他的文章中谈到了艺术创作中的情致，他认为创作并不是消遣，艺术作品并不是闲暇或嗜好的果实，它使得艺术家劳心劳力。如果艺术家决心从事创作的劳动和伟业，这意味着一种强烈的力量、一种不能抑制的激情在推动他。这种力量，这种激情就是情致。情致是一种激情，但不是一般的激情，“激情”一词往往包含自私的、尘俗的乃至卑鄙下流的因素，而情致则永远是在人的心灵里为思想点燃的激情，它永远向思想追求，因而是纯精神的、伦理的、神圣的。情致是艺术创作的根本动力和艺术作品的灵魂，是作品产生巨大影响力的保证。我在创作壁画《桃花源记》时，在近10米长的工笔画稿画到快要结束的时候，发现没有达到自己理想的效果，我便推倒全部重新画。在工厂和工人一起制作了大半年的时间，每一天亲自对稿子进行分解和指导工人制作，前后三年时间完成。回过头来真不敢想象靠什么力量坚持下来的，或许这就是情致吧。

德国哲学家叔本华说：一个人要么孤独，要么庸俗。一个艺术家要有自己独特的思想和个性就必须要学会孤独。一个艺术家要与一些平庸的圈子保持一定的距离，让自己的心境更加清净和超然，守住自己内心的一方净土。

寒秋之一　68cm×68cm　纸本重彩　2002

寒秋之二　68cm×68cm　纸本重彩　2002

看了很多经典的作品，除了佩服画家精湛的技法和才情外，还有一个就是他们对待艺术的态度和状态，这种状态不是一般人可以达到的，其实也是一种境界，没有那种状态也就画不出那样好的作品。

年轻的时候，要工作，要结婚，要生孩子，要赚钱养家，要评职称，有这样的锁链套着，画画的艺术状态自然不是那么纯粹。随着年龄和学养的增长，现在的艺术状态也就发生了很大的变化。

在退休前的几年时间里，我每天早出晚归地待在学校五楼的画室里，特别是在学院放假以后，整栋楼就我一个人，上楼时把自己锁在楼上。有人说我很刻苦，我倒没有觉得有什么苦，因为画画这个过程是快乐的，就跟普通人通宵达旦地打麻将也没有什么不一样。

现在退休了，好像和在学院上班也没什么区别，早出晚归，大多是独自在工作室画画、读书、习字、听音乐、喝茶、发呆。人生短暂，希望在有限的时间里还想认真地做一点事情。

我偶尔曾尝试待在家里躺平半天休闲地看电视，最后发现腰酸背痛、头昏脑涨累得很。看来我还是个“搬砖”的命，对于我的一生来说，艺术的生活和工作已经成为我的一种生活方式。

2022年5月于长沙

236 . 清廉图 194cm×97cm 纸本重彩 2011

清廉图
辛卯年

238 . 天地悠悠 194cm×97cm 纸本重彩 2012

天地悠悠（局部）

红椅子之一　68cm×68cm　纸本重彩　2015

红椅子之二　68cm×68cm　纸本重彩　2015

红椅子之三　68cm×68cm　纸本重彩　2015

红椅子之四　68cm×68cm　纸本重彩　2015

红椅子之五　68cm×68cm　纸本重彩　2015

论现代绘画肌理与情感

文／漆跃辉

肌理作为一种抽象的绘画语言，作为一种情感的符号，以其独特的魅力，在古今中外的美术作品中承载着情感的丰富内涵。现代科技的发展为人们提供了更广阔、更丰富、更复杂的情感体验，用传统的肌理语言很难表现现代人的某些真实而复杂的生命感悟，现代绘画肌理的丰富性、偶然性以及不确定性，给人们留下了更多的想象空间，为表现现代人的情感提供了更加广泛的表现空间。

一、绘画肌理的情感表现

肌理，是指各种纵横交错、高低不平、粗糙平滑的纹理变化。肌理“是指由美术作品制作时所使用的特定的物质材料与相应的处理手法而造成的画面细部的组织纹理”[①]。绘画肌理可分为传统绘画肌理和现代绘画肌理。传统绘画肌理主要指传统绘画中画家在不同版面材料上的笔触留下的痕迹。如中国画中毛笔和宣纸摩擦而留下的笔痕、墨迹及宣纸渗化的细微变化，而油画则是由油画笔、刮刀在油画布上所产生的笔触、刀痕等丰富的变化，等等。传统绘画肌理大多是画家有意识地在画面留下的肌理，其“物质材料”和“处理方法”具有相对的稳定性、传承性。现代绘画肌理打破了画种之间的界限，运用一切可利用的材料和手段制作肌理。在“物质材料”和“处理手法”上具有更多的丰富性、偶然性、多样性和抽象性，是画家有意识和无意识相结合的产物。

传统的中国画中毛笔这种柔软的工具，在独特的富有丰富变化的宣纸上摩擦而留下的肌理（线条、墨色），具有独立的审美价值，线条追求“力透纸背”“如屋漏痕，如锥画沙，如折钗股”。中国画中孤立的一根线条就能表现出丰富的情感。中国画中墨色的干湿浓淡、生涩润泽、皴擦飞白、渗透润化透露出中国古典哲学的玄妙及超凡超俗的情怀。油画、版画、水彩画等均以其独特的材质和画家的“笔触”“刀痕”而留下抽象的肌理传达人的情感。荷兰后印象派画家凡·高富有动感的笔触肌理，奔放有力，表现了画家不安的情绪及燃烧的激情，给人以心灵的震撼。

由于现代艺术观念的改变，"现代艺术不仅是要创造美，也不仅是创造艺术的形式与语言，它更重要的是表现艺术家对艺术本体的价值与观念，以及对人类的生存，面临各种问题的思考"②。抽象艺术、达达艺术、波普艺术等现代艺术流派的产生使现代绘画肌理的构成更加丰富多彩。从喷洒、冲洗、打磨、折皱、剥落等到实物拼贴及数码、音像的综合运用，使现代绘画肌理空前地多样化。

现代绘画肌理把具象世界的构成要素抽离出来，用崭新的艺术形式，表现人类精神飞跃和现代意识，并创造性地使这些肌理富于文化的含义，使这些东西变得更加意味深长。现代绘画肌理中具有很多的偶然性，这些飘忽不定的偶然性给人留下了更多的想象空间，适宜表现现代人复杂的情感。

现代绘画肌理所表现的情感，不仅是一种可以用语言描述的一般情感，更多的是一种无法用语言描述的复杂情感，是一种不完全依赖于具象，而是一种意象和抽象的表现，所以现代绘画肌理呈现给人更多的是一种感觉，一种整体的氛围，一种诸如凝重、沉雄、神秘、苍茫的气息。

二、绘画肌理表现情感的原理

绘画肌理是绘画中的一种艺术形式，"艺术形式与生命形式有着相类似的逻辑形式。更明确地说，艺术形式存在着与生命形式具有相同结构的可能性。按照格式塔心理学原则，当外部事物所体现的力的式样与某种人类情感中包含的力的样式同构时，我们便感觉它具有了人类的情感"③。画家在进行肌理的制作过程中总是有意或无意地融入自己的情感。这种肌理中的色彩、线条、块面有一种节奏和韵律，这种节奏和韵律及人的某些情感的节奏与韵律具有同一性，使人产生情感上的合拍，例如斑驳的肌理给人以古老沧桑的情感感受，经反复冲洗喷绘的肌理给人以淡淡的忧伤之感。

人在生命过程中，有着许多真实而复杂的生命感受，肌理的复杂性和偶然性，正好和现代人复杂的情感找到某种联系，使人产生情感联想，当人类具有共同的情感体验，并具有相同的知识结构时，人们便从绘画肌理中感受到人的情感。简单说，当人们看到红色会联想到太阳或血腥，而绘画肌理中红色并没有这么简单，可能是不同的红色和黑色、蓝色等肌理的交织，形成十分丰富而变化的肌理，这样便会使人联想到血雨腥风的古战场，使人联想与自己有关的更多的情感体验，从而表现更丰富的情感。

红椅子之六　68cm × 68cm　纸本重彩　2015

红椅子　80cm×68cm　纸本重彩　2007

椅子　80cm×60cm　纸本重彩　2007

三、利用绘画肌理表现情感

绘画肌理不仅仅是一种形式，它也是一种内容。如果仅仅是把肌理当作一种“装饰”的手法是十分浅薄的。艺术中包含着较为突出的情感因素，情感甚至在某种程度上说就是艺术的生命，肌理只有在变为情感的符号并为美术作品服务时才具有价值，下面就如何运用肌理表现情感谈几点看法。

（一）肌理的制作要锤炼

肌理在制作的过程中，可以大胆随意地去实验，但不等于肌理是随意去“偶然”，而是通过大量的实践发现并总结，才能使肌理有较高的艺术含量。中国画中一根线条需经数十年的工夫才能达到“力透纸背”的功力。现代肌理的制作同样需要工夫的，好的绘画肌理是通过画家无数次实验中的“偶然发现”，然后经画家多年的锤炼，达到使肌理的“偶然”变成必然的结果。现代肌理往往是通过多种技法综合运用及反复制作的效果来表现深深的情感。

（二）肌理语言要精练

肌理作为一种绘画语言，若要使这种语言能被人们听懂，就要求画家更集中、更强烈地表现情感。在肌理的制作中，画家要对肌理不断地实验、发现、选择、取舍并对其进行加强或减弱，使之成为情感的符号，通过构成及节奏的对比，组成一曲完美的情感韵律。

(三) 绘画肌理与绘画作品的完美统一

肌理制作的目的是为绘画作品服务，画家需要通过艺术手段将肌理赋予精神和灵魂，更重要的是使肌理和绘画作品的主题相融合，表达出事物的某种本质，同时又传达出形式相融的审美体验，以达到绘画肌理与绘画作品的完美统一。

四、情感无限，肌理探索无限

现代科技的发展，使现代人们的生活发生了天翻地覆的变化。从宏观上说，人类可以遨游太空，登上月球。从微观上来说，人类可以看到不同物质的细胞中丰富的结构及色彩变化。从太空中看地球和古人的纵情山水所得到的情感体验是不可比拟的。在漫长的历史过程中，在漫长的生命发展过程中，人的情感体验都不断地发生着复杂的变化，故情感是无限的。而作为情感语言的肌理的探索也是无限的，因为材料是无限的，不同工具及色彩在材料上留下的痕迹的变化也是无限的。所以绘画肌理为绘画作品创作的情感表现及绘画作品的个人风格的形成提供了无限的探索空间。

[原载《华南师范大学学报》(社会科学版) 2007年第4期]

注释

①赵经寰：《论绘画肌理美》，《美术》1985年第11期。

②陈心懋：《综合绘画——材料与媒介》，上海书画出版社2005年版，第28页。

③［美］苏珊·朗格：《情感与形式》“译者前言”，刘大基等译，中国社会科学出版社1986年版，第31页。

门神之一　40cm×40cm　纸本重彩　2014

门神之二　40cm×40cm　纸本重彩　2014

（上图）门神之三　40cm×40cm　纸本重彩　2014

（下图）门神之五　40cm×40cm　纸本重彩　2014

（上图）门神之四　40cm×40cm　纸本重彩　2014

（下图）门神之六　40cm×40cm　纸本重彩　2014

254 . 潘家园印象之一 60cm×40cm 纸本重彩 2008

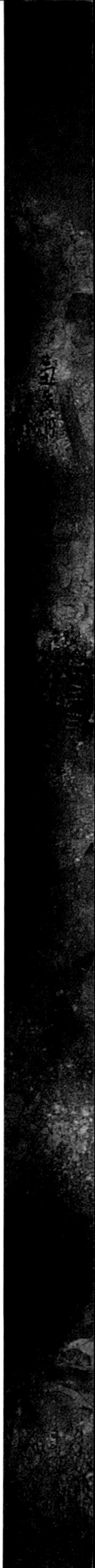

256 . 潘家园印象之二 197cm×197cm 纸本重彩 2008

潘家园印象之二（局部）

文韵情怀

读书随感

文／漆跃辉

儿时住在偏远的山区，读书时正逢“文革”时期，中国传统文化作品都被视为糟粕被学校拒之门外，除了学校的课本几乎没有什么课外读物，直到读师范时，学到唐诗、宋词及古代经典文学作品时，觉得十分有趣。年轻时看到陆俨少的一本山水画的书，说到画家要三分读书，三分习字，四分画画，觉得读书很重要。书就是一道道美丽的风景，我将读书就像旅游观景一样一直坚持下来。十年前，我开始在电脑上写读书笔记，累计下来也写了不少文字，将其中的部分文字加以整理，加上自己的随想，便形成了下面的文章。

一、道与技

在传统的中国文化中，道是超越时空、无声无形而又无处不在的，是万事万物的母体。老子的“道可道，非常道”“道法自然”，其将道看成是一种看不见摸不着的神秘力量，道家认为道的极高境界是自然，道是一种最高的艺术精神与状态。儒家的道是以仁义为中心，以人性、伦理及政治为责任的人道。《周易》中说“一阴一阳之谓道”“阴阳二气，化生万物，万物皆禀天地之气以生”。《周易》将万事万物和天地乾坤的运动变化联系在一起。

中国文化中的道非常高深莫测，但通俗地说，就是世间万事万物的道理和方法。从道和技的角度来看，道一般是指艺术作品中内在的看不见的意境、意蕴或情感，也就是作品的内容。而技则是为表现道（内容）的一种方法和手段（形式）。

《列子·说符》中有“九方皋相马”的故事，讲的是九方皋相马时只注重马的品质而忘了马的雌雄及皮毛颜色。“得其精而忘其粗，在其内而忘其外。见其所见，不见其所不见；视其所视，而遗其所不视。”这个故事讲了观察和处理事情更注重道，注重事物的本质的重要性。

传统中国画家十分注重道的研究，注重作品中的内在精神及意境的表达。古代画论中常常要求画家“澄怀味象”“含道映物”“与道同机”，只有这样，作品才能达到一个很高

桃源木雕

2007年，与北京画院院长王明明老师合影

的境界。潘天寿说“境界层上，一步一重天”，所以艺术真正的高低在于境界的高低。一件成功的艺术作品，最能打动人的莫过于其文化审美层面所包含的精神意蕴和思想情感。

刘巨德在《天地之艺物之道》中说到：中国画是借看得见的“物”画看不见的“道”。中国画是画“天地之道”，画“人性之情”。以看得见的物为载体，画看不见的“道”。中国画的“道”不是一种法则，不是一种程式，也不是一般的知识，它是一种境界。它要求画家的心灵和大自然融为一体，和天地融为一体，真正用自己的心灵倾听体悟天地自然生命之心声。

其实，艺术家的一生就是一个悟道的过程。故画家要饱览诗书，进而才能接近于道。只有通过读书学习，才能提高自己的鉴赏水平。一个艺术家在画画之前，在脑海中一定有一个模糊的意象和境界，然后心慕手追。境界的高低来源于画家的修养，画家的很多时间都是在寻找一种和自己心中的境界（道）相适应的形式（技）的过程。中国画的一笔一画都代表人的性格、胸襟和气象，寄托画家的品质、精神和境界。

《庄子·养生主》的“庖丁解牛”，讲的是庖丁宰牛的故事，由于其技巧非常熟练，透彻地掌握了客观事物的内在规律，“以神遇而不以目视”，“以无厚入有间”，而达到“技进乎道”。道是作品的灵魂，道很重要，技也很重要。当技达到一定的高度的时候，道与技合而为一，技就是道。

只有你的那种形式恰如其分地表现了你的那种感觉和气韵的时候，也就是内容和形式完美结合的时候，这样的语言形式才是最好的形式。

二、大与小

天大地大，中国古代哲人从来就是站在天地宇宙的角度去思考和观察世间的一切问题。汉刘安《淮南子》中说："故以天为盖，则无不覆也；以地为舆，则无不载也；四时为马，则无不使也；阴阳为御，则无不备也。"汉黄石公《素书》中曰："地薄者，大物不产；水浅者，大鱼不游；树秃者，大禽不栖；林疏者，大兽不居。"从艺术创作的角度来说，艺术家要有大的格局与情怀，才会有宏大的作品。

孟子曰："吾善养吾浩然之气。""可欲之谓善，有诸己之谓信。充实之谓美，充实而有光辉之谓大，大而化之之谓圣，圣而不可知之之谓神。""居天下之广居，立天下之正位，行天下之大道。得志，与民由之；不得志，独行其道。富贵不能淫，贫贱不能移，威武不能屈，此之谓大丈夫。"儒家为了完善的人格，可以蔑视富贵，甘于贫困，不畏强暴。儒家的大，是宏大的人格力量，道德的力量。儒家的修养需要功夫，需要发自内心，修炼出内心的强大。

庄子的大不是数量上的大，而是精神境界上的大，是一种自由的、超越的状态，是一种性灵的超越，一种超越宇宙的人生情怀。庄子的《逍遥游》："北冥有鱼，其名为鲲。鲲之大，不知其几千里也；化而为鸟，其名为鹏。鹏之背，不知其几千里也；怒而飞，其翼若垂天之云。"庄子在孟子的基础上，扩大了崇高的审美，庄子注重从心灵去悉心体会天地之精神，吸吮造化之精气。

作为一个画家要有一种宇宙意识，我们要站在整个宇宙乾坤的点位上去观察和思考问题。老子的《道德经》就是站在宇宙的高度进行思考的，他所提出的"非常道"，有着许多深奥的哲理，宇宙是无限的、神秘的，许多是说不清的。我看许多画家的作品都有一种宇宙的意识，如卢禹舜、唐勇力等当代画家的作品都有一种强烈的宇宙意识。他们在思考

秋风　34cm×68cm　纸本设色　2012

幽人弹素琴　69cm×23cm　纸本设色　2022

和看待自然时不是站在个人或一个小的点上，而是站在人类、宇宙的空间上去思考，所以他们的画有宇宙的历史的洪荒之感。卢禹舜的《神静八荒》中，将人生与山水互融，产生一种延伸生命之感。在永恒的宇宙之中，个体的生命总是短暂的，人也是孤独的，一旦与山水相融，便与山水同在，与时空并存。

北魏的书法作品《始平公造像记》，表现出宏大豪放、刚健的雄浑之气以及古拙质朴的意味。颜真卿的书法雄浑、宽博，质朴厚重，苍劲端稳。还有刘邦的《大风歌》："大风起兮云飞扬。威加海内兮归故乡。安得猛士兮守四方！"曹操的《观沧海》："东临碣石，以观沧海。水何澹澹，山岛竦峙。树木丛生，百草丰茂。秋风萧瑟，洪波涌起。日月之行，若出其中；星汉灿烂，若出其里。幸甚至哉！歌以咏志。"唐代的诗歌以其广阔的眼界与博大的气势，形成了最宏大的时代强音。苏东坡的《念奴娇·赤壁怀古》、毛泽东的《沁园春·雪》等作品都是表现一种宏大而崇高的气息。

有了大的情怀，站在天地宇宙的高度去观察和表现我们的自然和生活，其作品就会有一种宏大崇高的气势。有了这种宏大的宇宙观、人生观，我们再去思考我们的人生、我们的艺术的时候，我们就会在我们短暂的艺术人生中去做选择、做取舍，就不会因为一件小事而去计较，就会豁达、快乐，充满热情和生机，我们的绘画也会一样充满力量和生机。哪怕是画一束小的山花，一样能以小见大，画出大山一样的崇高与气势。湖南的花鸟画家王憨山、易图境的花鸟画一反文人画的清新秀丽之风，将柔弱的花鸟画得大气磅礴，有一种崇高的壮美。

①年轻时与家人的合影
②2015年，与大哥一家合影
③2017年，与夫人、儿子在九寨沟合影
④2017年，与家人在九寨沟
⑤2019年，与岳父全家合影

老子出关图　69cm×23cm　纸本设色　2022

三、美与丑

美和善总是联系在一起的，给人以短暂的愉悦的东西，并不是真正的美。一个高贵的人的身上会有非常低级的东西，一个看起来非常卑微的人的身上会有非常崇高的东西。所以美并不仅仅是事物表面的漂亮，艺术家更关注的是事物的内在本质。艺术不仅仅是赏心悦目，有时要让人感到一种刺激，艺术要有思想的深度、文化的深度，也要有社会批判的力量，让人对未来有一种期待，有一种精神的寄托。

中国艺术崇尚返璞归真，以自然为最高秩序，以天趣为最高的审美原则，其本质就是将艺术对人的生命追求重于对形式的追求。只有自然的美才是至高无上的美，才是真正的大美。

人们在追求美的过程中，逐步会形成一种美的固有的标准，这种固有的标准和人内在生命的真实是相矛盾的。质朴、真实往往会走向矫揉、圆滑、程式。艺术需张扬个性，追求自然的纯真，追求生命的真实。陈师曾在《文人画之价值》中说："呜呼！喜工整而恶荒率，喜华丽而恶质朴，喜软美而恶瘦硬，喜细致而恶简浑，喜浓缛而恶雅淡，此常人之情也。"在现代艺术审美看来，工整、华丽、优美、细致是一种美，但荒率、粗狂、拙朴、雄浑也是一种美，往往是一种更高级、更深沉、更有力量的美。作为艺术，一种艺术形式成为一种常人喜欢的流行样式时，这种艺术形式就会变得很媚、很俗、很甜，就不美了，没有灵魂的美是没有意义的。相反，追求个性和内在生命的艺术形式，在一部分人看起来"丑"的反而很美，崇尚"丑"是对人的生命真实的追求。

艺术家所表现的物象有的表面上看起来很漂

亮而实际感觉很甜俗，很“媚”，甚至是很丑的。有些画家的作品在一般人看来很丑，而实际上却是十分高级。现在社会上喜欢骂“丑书”，其实丑书有两种：一种是没有传统文化根基的哗众取宠地胡来，这是真丑；一种是在传统的基础上有个性又敢于创新的书法，其表面上看起来“丑”，其实是很美的。所以，作为书法的研习，如果一直取法唐代以后的经典书法，学习某某大家并且学得很像的时候，形成了一种公认的“漂亮”的时候，就变得俗了，就不美了。而在学习经典书法的基础上，取法秦汉、魏晋的篆隶，丑是“丑”点，但更生动更自由更具有创造性，就会更有意味。

四、生与死

中国古代先贤对待死亡有很多不同的论述。《淮南子·原道训》：“夫形者，生之舍也；气者，生之充也；神者，生之制也。一失位则三者伤矣。”生命的存在不仅仅是肉体，形体没有了气和神，灵魂和肉体分离，人就死了。就艺术而言，作品的意蕴就是作品的灵魂，作品的形式就是作品的肉体。一切艺术作品都是形式与内容的完美结合，形式为内容服务，没有灵魂的作品就没有艺术生命，就没有价值。

儒家的生死观是因为生有价值，故无畏死。孟子曰：“天下有道，以道殉身；天下无道，以身殉道。”孔子曰：“志士仁人，无求生以害仁，有杀身以成仁。”“未知生，焉知死？”“朝闻道，夕死可矣。”所以儒家认为，因为生有意义、有价值，为了人生的理想，生命不足为惜。帝王将相，富贵功名最终是白骨荒丘，真正不朽的便是精神产生的东西。

庄子观鱼图　69cm×23cm　纸本设色　2022

画室一角

速写本

中国古代有审美式的视死如归，嵇康临刑前弹《广陵散》镇定自若。屈原怀着对楚国深深的眷恋选择了投江自杀，给中国文明史留下了一道悲壮的色彩。在司马迁的《史记·刺客列传》中，写了古代刺客的悲壮故事。荆轲和他的党人高渐离在易水之畔的悲壮唱和，其实藏着无人知晓的深沉含义，使人感受到一种凄绝的美。

在庄子那里死亡似乎成了一种解脱，意味着人生之累的解除，“庄子妻死，惠子吊之，庄子则方箕踞鼓盆而歌”。他不是贪生怕死，而是以生为苦和以死为乐，甚至可以说庄子认为死亡超越了生存本身的生命价值，应该坦然面对死亡。庄子曰：“其生若浮，其死若休。”其实庄子也十分珍惜生命，只是要求顺应自然。庄子曰“忘其肝胆，遗其耳目”，“死生无变于己，而况利害之端乎”，连生死身体都可忘，还有什么不可以放下的呢？

时间、生命、人生，没有了时间，就没有了生命，没有生命就谈不上人类的情感。生命往往是和时间连在一起的。青山不老，绿水长流。因为人生有限，只有艺术给人的脆弱的生命注入了绵长，给人一种永恒的温暖。珍惜生命是基础，没有对生命的珍惜，就没有敏感的宇宙情怀。

徐复观在《中国艺术精神》中写道：“人在美的关照中，是一种满足，一个完成，一种永恒的存在，这便不仅超越了日常生活中的各种计较，苦恼，同时也超越了生死。”朱良志

2015年6月，在课堂上和俄罗斯艺术代表团交流

认为：中国哲学是一种审美的哲学。生命有生物学上的生命，也有医学上的生命，而从哲学上来看，生命不仅仅指活着的东西，世间的万物都有生命，都有灵性和活力。生命是一种天地万物的精神，一种创造的品质。

儒家的生死观给我们以勇气和担当，道家的生死观使我们的艺术人生有一份从容与宁静。人生因为短暂，所以弥足珍贵。有了艺术才会使人类除了物质追求之外，还有艺术的孤独与梦想、爱恋与牵挂，还有物质生活以外的无法用语言表现的美的享受。用心去感受和感动身边发生的和未发生的事情，记录我们心灵的颤动，这是一个艺术家不惜代价、不懈追求的动力。马克·吐温说："生命如此短暂，我们没有时间去争吵、道歉、伤心、斤斤计较。我们只有时间去爱。"

在画室影像（卿科军摄）

2015年春节，漆氏家族合影

五、动与静

《周易》中："天行健，君子以自强不息。""一阴一阳之谓道"，《易经》中认为：天地自然昼夜运动着、变化着、更新着，人必须奋发图强，不断进取，才能与天地自然同步，才能与整个自然和宇宙相同一。生命要和自然的节奏一样运动与休息，这讲的是养生，同时也是一种积极进取的精神。在艺术创作上则是要表现自然生命的运动。

在中国艺术和中国哲学中有三种不同的静：第一种是自然的安静；第二种是心灵的宁静；第三种是一种永恒的静，是一种宇宙精神，是忘却时空，是超越时空的活泼的生命精神。对于一个艺术家来说，自然的静可以选择；心灵的静需要修炼，是艺术追求的一个漫长过程；永恒的静是一种最高境界，是中国画家追求的目的。

在画室创作影像（卿科军摄）

古简牍精选字帖（西汉简）

"担水砍柴，无非妙道"，禅让人们在生活中去悟道、贯道，体验生活中平凡而本质的一面，以达到精神的升华与超脱，使心灵在走向大自然中变得更加宁静和深沉，超脱和富有形而上意味的追求。禅讲的是静，艺术家要保持内心的宁静，有一个超脱世俗的状态，方可创作出不凡的作品。

禅宗中"风动与幡动"的故事，讲的是六祖惠能大师从五祖弘忍门下得到传承之后，到了广州法性寺，见到两位和尚对着寺前的旗子在争论，一个和尚说："你看旗子在动。"另一个说："是风在动。"惠能说："你们两个都错了，既不是风在动，也不是幡在动，是你们的心在动。"这个故事对我的启发很大，一幅画的好坏与自己的状态关系很大。艺术家常常要像庄子一样达到"坐忘""心斋"的状态，让心性像恬淡的小溪一样流回自然的深处来滋养自己。要不断地修炼，使自己真正进入状态。艺术家的状态太重要了，达到一种好的状态实际上就是达到一种较高的境界。

元代山水画家倪云林创造了一个没有色彩、没有喧嚣、无色无声的空灵的宇宙，一个水不流花不开的寂寞的纯净的世界。在他的画中，树上没有绿叶，山中没有飞鸟，路上没有人迹，一个表面看起来没有任何生命感的世界，水不流花不开，其实在这个纯净的世界里，同时可以看到一个生机勃勃的世界。在这个寂寞的艺术世界里，艺术家虽然荡尽了人间风烟，但并不是艺术家对自然世界不感兴趣，不去表现，相反，艺术家是表现更深层次的人的情感，表现人内在的生命意识。中国传统的书法中没有具体的形象，其作品往往是静中有动，以一种抽象的形式表现了大自然与人共通的气势、筋骨与生命的运动及节奏。

中国画画家总是用一生的时间不断地修炼，以一种超脱于世俗的纯净的状态去表现自然宇宙以及人的深层次的生命运动。

六、虚与实

老子说："埏埴以为器，当其无，有器之用。凿户牖以为室，当其无，有室之用。"说的是容器没有空就不能装物，房子没有空，就不能住人。做人要谦虚，自满了知识就进不来。人的一生也要有虚实，要有所为有所不为。有所为是实，有所不为是虚。艺术讲有虚实，其实艺术中虚的处理比实更难更重要，有了虚和空，不把话讲死，就有了想象的空间，就含蓄而有意味。

物质的世界是虚幻的，真实的世界是对虚幻的超越。世界在不断地变化，宇宙天地是一个大的气场，一切都在气场中沉浮。转眼即为过去，片刻将为旧有。客观世界是不断变化的，如实地描写现实生活，本身就是不客观、不真实的。无论什么准确的语言也无法表现复杂而不断变化的客观世界，我们永远无法用绘画追索到一个真实的世界，与其追不到，不如留下虚的空间。

传统中国画因为注重事物的内在本质和自己内心的情感，所以其绘画的发展方向从古到今就不是写实的，而是写意的。这是中国传统绘画与西方传统绘画的一个很重要的区别。传统中国绘画的造型不是写实的造型，往往是意象造型和抽象造型，这种造型就是一种虚的处理。中国画会在画面上留有大量的空白，这是中国画的虚的重要表现形式。在现代中国画的表现上，许多画家在作品中呈现出一种混沌的效果，画面中进行大量的虚的类似光照的处理。也有画家在具象或意象的作品中用一些莫名其妙的抽象色块来增强画面的神秘感，以虚的语言来表现虚幻的世界，使作品更具艺术魅力。

七、厚与薄

《中庸·第二十六章》中写道：“今夫地，一撮土之多，及其广厚，载华岳而不重，振河海而不泄，万物载焉。今夫山，一卷石之多，及其广大，草木生之，禽兽居之，宝藏兴焉。今夫水，一勺之多，及其不测，鼋鼍、蛟龙、鱼鳖生焉，货财殖焉。”刘安《淮南子》中说：“夫天地不包一物，阴阳不生一类。海不让水潦以成其大，山不让土石以成其高。”这里给我们的启发是因为土积得多，石垒得高，水聚得深，故而深厚，故而载物容物，故而大。

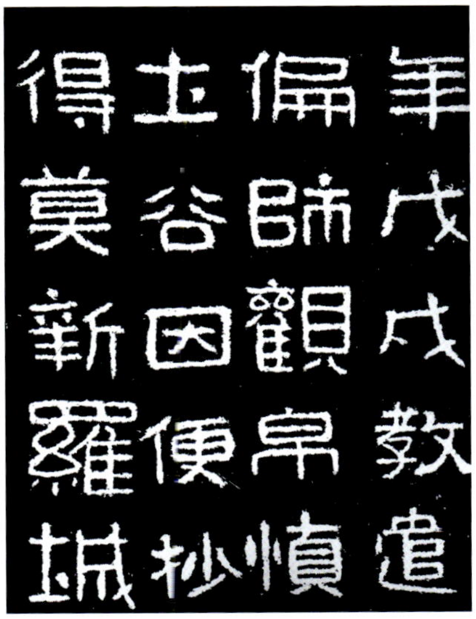

好太王碑　东晋

这里引申出一个重要的概念，就是积的概念：所有的厚重都是靠“积”。高山、大海靠土石、水流的积便可载万物；中国上下五千年的灿烂文化靠时间的积而博大精深；绘画也是靠文化、技巧和时间的积而浑厚而耐看。

中国工笔画有两种重要的表现形式：重彩与淡彩。淡彩需要用很淡的透明颜色一层层反复渲染，从而到达到薄中见厚。重彩往往是用透明色打底，然后用厚的不透明色罩染，同样也要一层层染上去，也就是古人说的三矾九染，色彩才微妙而厚重。现代工笔画会有很多新的技法，不管是喷、擦、揉、洗等不同技法，都有一个共同的特点就是一层层反复制作，其

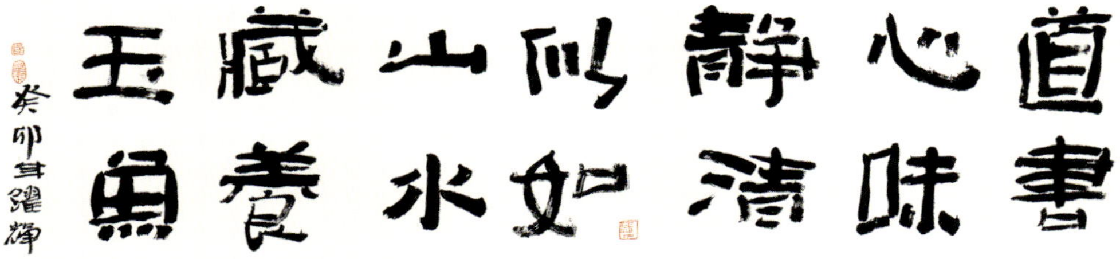

道心静似山藏玉　34cm×120cm　纸本墨笔　2023

作品才会达到浑厚的效果。

艺术创作要不断地积累，艺术还有时间积累。李可染于1963年至1989年间，一种构图、一种光感画了26年，一种树的造型画了26年，一种墨法、一种皴法画了26年，对每一种技法长时间地不断研究，才成就了浑厚华滋的李可染。

作为一个艺术家，更重要的是多读书，通过知识的积累而达到文化的厚度，这是一个画画的人最终是否能成为一个艺术家的重要条件。

中国画的一根线条就具有厚度和意味，就具有抽象和形式的美，其原因就是这根线画家练了几十年，具有“技”的厚度，读了一辈子的书，具有文化的厚度，其线条才会有意味、有厚度。

八、真与假

康定斯基《艺术中的精神》总序中说道：“精神是世界的本源，物质只是蒙在真实世界之上的一层面纱，人民只有透过面纱才能看到闪光的精神。”中国禅宗认为：现实中的物象，一般人眼中看到的物象，不是真实的物象，是人对物象虚假的反映。艺术创作是心灵的活动，是一种包藏在自然形式下的心灵的特殊状态。只有艺术家“含道映物”“澄怀味象”的态度和状态，不为一切法则束缚，达到一种心性澄清、万象俱静的境界时创作的作品，才是物象的真实存在，才是心源与造化合一的真。

艺术创作中的真实有两种：一种是生活的真实，一种是艺术的真实。在绘画中有一种是强调写生或拍照片，没有情感的表达，没有形式的追求，老老实实地照抄自然。从生活中体验或写生，画出一种有生活、有情趣、有意味、有个性、有创新的作品，和生活中看到的已有很大的不同。前者是一种生活的真实，后者是一种艺术的真实。艺术就是要让人暂时远离现实，要拉开与现实的距离，艺术是要让人们看到另一个世界。中国艺术家轻外在的表面的真实而重对人真实的内在生命意义的追求。

艺术作品的价值寓于真情实感，艺术家要保持一颗童心，保持一份真诚，尊重自己的内心。作品如同心电图，一定会留下作者的心灵的痕迹。

2023年7月写于长沙

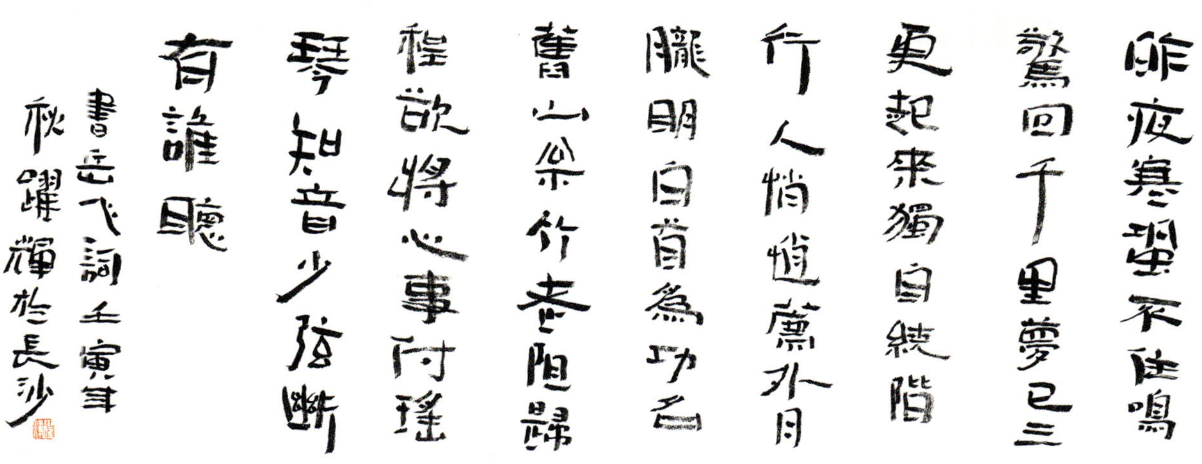

书岳飞词　34cm×120cm　纸本墨笔　2023

室外小景之一　34cm×34cm　纸本设色　2022

室外小景之二　34cm×50cm　纸本设色　2022

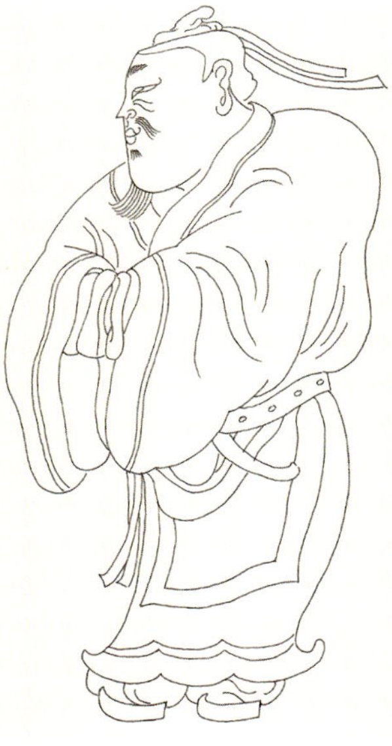
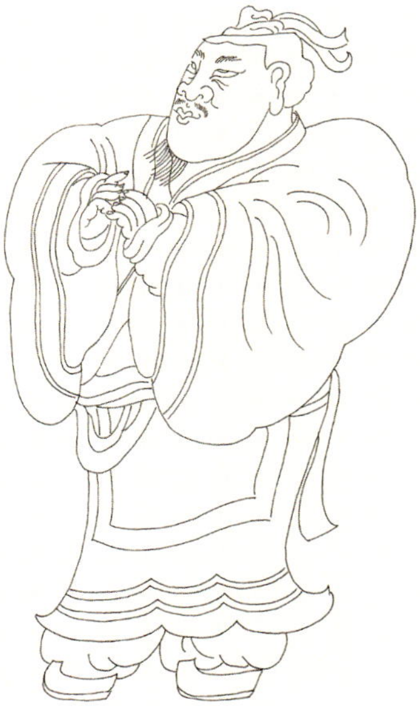

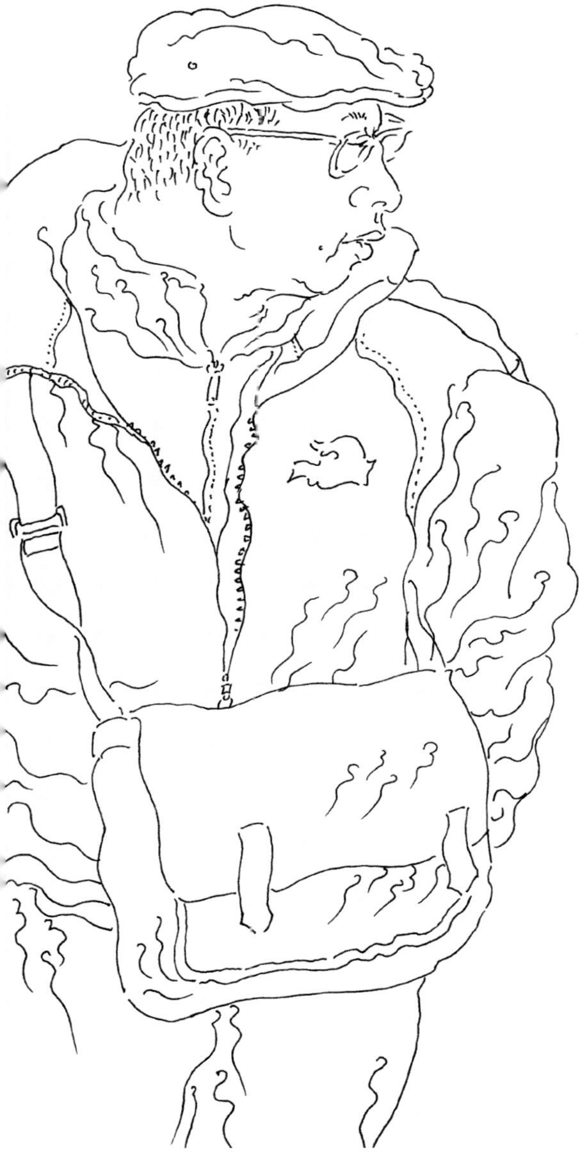

手稿×15 纸本

桃源木雕柜子（局部）

艺术家履历

1960年（1岁）

6月2日出生于湖南省石门县泥市镇（现壶瓶山镇）江坪公社龙池河。

1965年（5岁）

父母亲是供销社的职工，随父母工作调动，从江坪来到泥市镇。

1966年（6岁）

在泥市小学读书。除了上课，大多数时间都是和小伙伴一起玩耍，常常在河里游泳、捉螃蟹，在草坪网蜻蜓等。

1971年（11岁）

读初一时开始上美术课，语文老师覃事坤给我们上美术课，觉得很好玩，开始喜欢画画。

1972年（12岁）

母亲身体不好，到石门县城养病。我休学一年，在父亲工作的采购组当炊事员，负责做饭、买菜、记账。当时手里有一本湖南省师范学校的美术教材，空余时间就临摹书上的作品。

1973年（13岁）

回到泥市中学读书，直到高中毕业。那时在学校主要是劳动课，学校在很远的山上开山、放炮、修梯田，建简易房子作为学农基地，每一年轮流住在山上劳动。高中二年级开始分为专业班，读了一年的赤脚医生班，到文化卫生院实习一个月。一到假期，学校会组织吃商品粮的孩子到生产队农民家里劳动。在学校经常出黑板报画画，在家里临摹书上素描，画毛主席像。

1977年（17岁）

高中毕业后，作为知青下放到石门县泥市公社文峰园艺场劳动。

①石门县壶瓶山龙池河供销社原址，我出生的地方
②1962年6月2日，2岁生日时与我父亲漆申宜、母亲覃翠玉合影

①1977年，在石门县泥市中学高中时赤医班的同学合影
②1977年，读高中时的同学合影
③1978年，下放知青的合影

1978年（18岁）

考入湖南省桃源师范学校读书，任学校美术兴趣小组组长。受学校语文老师赖汉屏先生的影响，对中国传统诗歌、散文产生浓厚兴趣。

1980年（20岁）

先后在石门县新关镇联合小学、新关镇小学任教。在新关中学教书，教美术、地理、英语。

1983年（23岁）

先后在石门县城关一完小、石门县委党校工作。拜当时的湖南日报社美术编辑莫湘怡为师，读书、习字、画画，学习唐诗、宋词，查字典啃《古文观止》等古典文学作品。临摹连环画《山乡巨变》《三打白骨精》等作品。开始创作发表连环画，漫画作品。

1988年（28岁）

在湖南师范大学美术系进修学习。中国画作品《哭嫁》获全国首届风俗画作品展优秀奖。

1989年（29岁）

漫画作品《我的老师》入选“第七届全国美术作品展览”并获湖南省美术作品展银奖。

1990年（30岁）

在石门县委党校工作，此后的近6年的时间，忙于工作出国及其他的杂事，除了在单位因工作需要画点插图连环画之外，几乎没有进行绘画创作。

1991年（31岁）

连环画作品《强者》发表在《中国连环画》1991年第5期。中国画作品《他悄然离去》获“湖南省建党七十周年美术作品展”铜奖。

①1980年，桃源师范学校164班毕业照
②1988年，在湖南师范大学美术系学习时同学合影

1992年（32岁）

从石门县委党校调入常德日报社担任美术编辑。在常德日报社工作期间，为报社创作了大量的连环画、速写及漫画作品，其新闻速写和新闻漫画获湖南省好新闻一等奖，及全国地市报好新闻一等奖及其他奖项。

1994年（34岁）

创作出版大型连环画《倚天屠龙记》。

1996年（36岁）

《瑶寨风情》入选“湖南省‘四风’美术摄影作品展”。

1997年（37岁）

在湖南师范大学美术学院读函授本科。

1997年，常德市美术家协会第一届会员代表大会合影

2009年，与常德画家一道在北京段江华工作室参观学习

1999年（39岁）

中国画作品《山那边有朵红色的云》入选“全国中国画三百家美术作品展”。

2001年（41岁）

中国画作品《与山河同在》获“建党八十周年湖南美术作品展”优秀奖，并获湖南省第二届群星奖优秀奖。中国画作品《我的祖国》获“湖南省美展”二等奖。中国画作品《红色的梦》入选“第五届全国体育美展”。通过湖南省人事厅职称评审，被聘为主任编辑。

2002年（42岁）

中国画作品《我的祖国》获常德市“五个一工程”奖。8月，参加文化部第十届中国岩彩画高级研修班学习，培训班由王雄飞主持，唐勇力、胡伟、胡明哲、张导曦等老师先后上课。通过中国美协评审，加入中国美术家协会。

2003年（43岁）

出版画册《中国实力派美术家·漆跃辉》。

①2002年，在海南岛写生考察

②2007年，在三亩地美术馆举办个人美术作品展时同学合影

①2008年，与中国艺术研究院蒋采苹工作室的师生合影
②2010年2月，湘西采风

2004年（44岁）

中国画作品《远古京腔》获“第十届全国美术作品展览”湖南展区铜奖。中国画作品《戏剧人生》入选“第二届全国中国画人物画作品展”。

2005年（45岁）

中国画作品《远古京腔之二》入选“第二届中国美术家协会会员作品展”。从常德日报社调入湖南文理学院美术学院教书。

2006年（46岁）

中国画作品《三子图》获“湖南省工笔画新作展”优秀奖。中国画作品《白云》入选“黄河壶口赞全国中国画提名展”。《三子图》入选“全国第六届工笔画大展”优秀作品展，并在中国美术馆展出。

2007年（47岁）

在长沙三亩地美术馆举办“漆跃辉工笔重彩画作品展”。中国画作品《三子图》获常德市第十届“五个一工程”奖。在中国艺术研究院蒋采苹工作室做高级访问学者一年。通过省人事厅组织的专家评审，被聘任为湖南文理学院美术学院教授。

2012年，与湖南省美术家协会的艺术家在太阳山合影

①2013年，与湖南省美术家协会画家一起在桃花源合影
②2013年，常德市美术家协会第四次代表大会

2008年（48岁）

中国画作品《潘家园印象》获“第十一届全国美术作品展览”湖南展区优秀奖。中国画作品《潘家园印象之四》获由湖南省文化厅举办的“湖南省第六届群星奖”金奖。中国画作品《潘家园印象》入选“2008艺术湖南——美术精品进京展”。

2009年（49岁）

中国画作品《潘家园之一》《潘家园之二》入选“回顾与展望——新中国湖湘书画艺术成就展”。担任湖南文理学院美术学院副院长。

2010年（50岁）

到西北考察敦煌莫高窟壁画。中国画作品《匆匆走过之秋分》获“湖南省工笔画探索展”银奖。12月，带学生到贵州千户苗寨、岜沙、镇远等地写生采风。中国画作品《远逝的风景之匆匆》入选“2010年全国中国画作品展”。

2011年（51岁）

3月，在常德市清荷茶馆举办漆跃辉“闲云野鹤·水墨画个人作品展”。6月，参加“辉煌岁月——红色经典庆祝中国共产党成立90周年湖南省美术作品展”，作品《远逝》获优秀奖。

③2014年，湖南省委宣传部常务副部长蒋祖烜等画家在我的画前留影
④2014年，与王志坚一道在重庆参加“中国工笔画名家邀请展”研讨会

①2014年，在湖南省画院举办常德市美术作品晋省展
②2014年，与著名壁画家孙韬、郗海飞、唐鸣岳、陈绿寿在常德老西门合影
③2015年，与学生合影

2012年（52岁）

被湖南省教育厅聘为湖南省高校文科高级职称评审专家评委。中国画作品在“美丽家园·魅力新疆——第七届中国西部大地情中国画油画美术作品展”上获优秀作品奖（最高奖）。7月，湖南省工笔画学会成立，当选为湖南省工笔画学会副会长。中国画作品《武当山魂》入选“画说武当全国中国画作品展”。中国画作品《天地悠悠》入选“2012年全国中国画作品展”。

2013年（53岁）

2月，到湘西进行专业采风与考察。中国画作品《远逝的风景·皮影之三》参加“中华湘台当代书画家作品展”。中国画作品《潘家园印象》入选湖南省文联主编的《湖南文艺六十年·美术卷》。中国画作品《远逝的风景·皮影》参加“中法艺术名家邀请展”。中国画作品《远逝的风景·潘家园》获首届常德原创文艺奖。11月，常德市美术家协会第三届会员代表大会召开，当选常德市美术家协会主席。

2014年（54岁）

6月，“印象·桃花源——全国中国画名家作品邀请展”活动在常德开始，陪同张复兴、白云乡、程振国、张英才、张禾等画家考察桃花源景区。系列中国画作品参加“第六届中国书画名家精品博

④2015年，与学生合影
⑤2016年，与学生合影
⑥2016年，与湖南省工笔画学会画家一道参加“气·象——两湖工笔画联展”并参加研讨会

①2017年，为画家唐小禾、孙景波、殷双喜等介绍常德历史文化
②2017年，漆跃辉的创作草图《桃花源记》作品展览现场
③2017年，参加“穿紫河畔·中国画名家邀请展”

览会”。中国画作品《红色·梦》入选“第十二届全国美术作品展览”，同时获湖南省美展银奖。中国画作品《桃源高士图》参加“印象·桃花源——全国中国画名家作品邀请展”。《远逝的风景之二》入选“第三届四川省工笔画学会暨中国工笔画名家邀请展”，并受邀参加开幕式及展览研讨会。

2015年（55岁）

系列中国画作品参加“湖南省60后工笔画学术提名展”。中国画作品《红色·梦之一》入选“见微知著——湖南省小幅工笔画精品展”。7月，出版《远逝的风景——漆跃辉中国画作品集》。中国画作品参加“乙未楚风——湖南省工笔画学会年度作品展”。

2016年（56岁）

《美术》2016年第10期以梁光焰的文章《时间的哲学——论漆跃辉的绘画艺术》为题用5个版面对漆跃辉的绘画艺术进行了专题推介。中国画作品入选首届中国工笔画省际联盟工笔画作品展。5月，与中央美术学院壁画系孙韬、叶南、王长兴、曹魏等教授一起开始策划设计穿紫河桥梁美化工程，与孙韬教授一起担任常德穿紫河桥梁美化工程的艺术总监。10月，主创绘制的常德穿紫河长胜桥的壁画完成整体制作与安装工作。11月，中国画作品参加“气·象——两湖工笔画

④2017年，到中央美术学院参加常德画墙壁画稿评审后的专家合影
⑤2018年，参加在中央美术学院举办的壁画研讨会，图为中央美术学院院长范迪安正在发言
⑥2019年9月，与全国壁画大家在常德合影

①2019年，与中央美术学院教授詹建俊、叶南等考察常德文化
②2019年，在孙韬、叶南老师家中

联展”，在湖北武汉参加展览开幕式及作品研讨会。12月，中国画作品入选“中国工笔画省际联盟小幅工笔画邀请展”。12月，受鼎城区委邀请，到中央美术学院召开座谈会，研讨中国常德画墙的建设，并考察北京地铁壁画及中国国家博物馆。

2017年（57岁）

2月，由常德市鼎城区委与中央美院、中国美术家协会壁画艺术委员会、中国壁画学会组织全国的20多位壁画专家云集常德召开研讨会，共商常德画墙事宜。7月，接受壁画《桃花源记》创作任务，正式开始创作。8月，在北京对常德画墙壁画进行第一次评审。9月，参加“湖南重大现实题材美术创作工程美术精品展”，作品《武陵戏韵》获优秀作品奖（最高奖）。10月，到广州市广州美术学院参加“镶嵌中国——首届马赛克艺术作品展”并参加研讨会。12月，常德画墙壁画草图作品展开幕，中国美术家协会主席范迪安等70多位专家学者及画家参加了展览及活动。常德穿紫河紫月桥壁画《紫河新月》完成。

2018年（58岁）

6月，参加“影响未来——湖南省首届工笔画扇面作品展”。参加“怀初心·化天下——全国名家邀请展”。11月，中国画作品《红色·梦》参加“纪念改革开放40周年——艺术湖南·美术创作成果展览”并入选大型画册。

2019年（59岁）

3月，完成工笔画作品《桃花源记》。7月，中国画作品《广场舞》由湖南省美术家协会选送“十三届全国展”并获省美展铜奖。9月，中国画作品《戏韵》参加“第六届全国画院美术作品展览”。10月，壁画作品《桃花源记》入选“第十三届全国美展”，同时入选“第四届全国壁画大展”。11月，到广州四会马赛克工厂进行壁画的监制，历时7个月。

2020年（60岁）

7月，宣传画《严防死守，战胜疫情》获省文艺创作优秀作品奖（最高奖）。7月，退休，从常德迁居到长沙，在长沙的工作室读书、习字、画画。8月，历时3年的壁画作品《桃花源记》上墙完成，

①2020年，与学生合影
②2023年9月，“湖南省工笔画提名展”在湖南文理学院举行
③2023年11月，湖南工笔画部分成员在桃花源进行艺术考察

壁画作品长34米、高3.7米，该作品被永久陈列在常德画墙上。12月，壁画《桃花源记》获第七届常德原创文艺奖。加入中国壁画学会为会员。

2021年（61岁）

工笔画作品《桃源花开之一》参加“向阳而生——2021湖南工笔画学会年度展”。中国画作品《先烈——忆屹》参加“建党100周年湖南省美术书法摄影展”。作品《红色·梦》参加“湖南省画院建院30周年美术成果展”。作品《红色·梦》参加“湖南省画院建党100周年系列主题性创作工程展”。中国画作品《桃源花开之二》入选“第七届全国画院美术作品展”。8月，被评为湖南省文艺人才扶持“三百工程”文艺家。

2022年（62岁）

应上海中国画院之邀，参加由上海市政府的“十三五”规划重大文化工程：“开天辟地——中华创世神话文艺创作与文化传播工程”，该工程从策划到完成历时7年，在全国邀请和挑选了100多位画家创作了76件主题美术作品。重彩画作品《心存天下》入选，作品被上海美术馆收藏。壁画作品《桃花源记》入编大型画册《中国壁画百年》。8月，参加中国壁画学会会员代表大会，当选壁画学会理事。中国画作品《桃源花开》参加“湖南当代工笔画邀请展”。

2023年（63岁）

9月，系列作品参加在湖南文理学院举办的“湖南省工笔画提名展暨美术研究与创作学术研讨会”。11月，作品《桃源花开》参加“源·流——湖南工笔画七十年”美术作品展。

2024年（64岁）

完成工笔画作品《大树·厚土》。复制完成工笔画作品《心存天下》。中国画作品《桃源花开》入选第十四届全国美术作品展。

特别感谢以下单位大力支持
画友会馆
当代中国画艺术生态研究所
西湖画会
敦煌画院
青藤艺术中心
大观书巢
“子游派”
“幸会纪”